校企“双元”合作开发教材
新编21世纪高等职业教育精品教材 · 跨境电商系列

跨境电商通关实务（第三版）

主　编　**叶红玉　刘小聪**

中国人民大学出版社
· 北京 ·

前 言
PREFACE

党的二十大报告指出，为推进高水平对外开放，我们要“推动货物贸易优化升级，创新服务贸易发展机制，发展数字贸易，加快建设贸易强国”。近年来，我国各级政府为跨境电商的发展制定了很多鼓励政策，以促进和引导我国跨境电子商务的快速、健康发展。与此同时，各地海关等部门也在积极探索科学的监管政策，先后出台了很多改革措施，设法为跨境电商的稳定、长期发展保驾护航。

本书是以杭州关区近年来在跨境电商进出境监管方面的政策要求为蓝本，对我国跨境电商在进出境通关操作的流程和相关做法上进行编写的一本教材。书中的某些内容可能与其他地方海关的要求略有不同，请以当地海关的最新要求为准。

本书在编写方面具有以下特点：

1. 校企合作，专业性强

本书由学校和企业合作完成，符合党的二十大报告中提及的“产教融合”教育思想。叶红玉 1996 年毕业于吉林大学国际贸易专业，现为浙江商业职业技术学院教授，主持建设过省级精品课程、省级课堂教学改革项目，有丰富的进出口报关类课程教学经验。刘小聪 2009 年毕业于广西财经学院国际经济与贸易专业，现就职于某跨境供应链企业，任关务经理一职，毕业至今一直从事关务工作，积累了丰富的一线关务知识。

2. 业务全面，任务导向

本书涵盖跨境电商进口业务和出口业务，分为四个项目：跨境电商关务基础、跨境电商进口通关流程、跨境电商出口通关流程、跨境电商关务技能。除项目一外，项目二至项目四均以工作任务为导向，以技能培养为目标，按学习目标、项目导入、工作任务、操作示范、能力训练的编写体例进行编写。

3. 内容创新，实用性强

本书针对跨境电商通关实务进行编写，有别于传统的国际贸易通关实务，在编写内容方面有所创新。在编写过程中，我们深入跨境电子商务企业和跨境电商综合服务企业的一线进行调研，咨询了海关、电子口岸等部门的政策要求，书中的操作示范均为一线企业的实际做法，实用性强。

4. 图文并茂，资源丰富

本书不仅提供操作示范，还配备了大量操作流程图、实际工作样单样表，有助于读者理解跨境电商通关的操作流程和政策要求。为了使读者更好地使用本书，我们还准备了丰富的二维码拓展教学资源及其他配套教学资料，向任课教师提供授课 PPT、常见业务单证、能力训练题答案等教学资料，配备教师交流 QQ 群，力求使任课教师在授课时能方便地使用本教材。

本书可以作为高校跨境电商类专业、国际商务类专业、报关类专业的教学用书，也可以作为社会从业人员的业务参考书或培训用书。

本书由叶红玉教授负责撰写，刘小聪经理负责提供业务资料和业务指导。本次修订在第二版的基础上对教材的内容进行了更新和完善，并在每个项目的学习目标中增设素养目标，每个项目正文增设 1～2 个案例，以方便教师在课堂教学时增强职业素养教育，也使教材的内容更符合实际业务的发展情况。

由于跨境电商的海关监管政策正在试验期，加上我们的调研时间和撰写时间有限，本书的内容难免存在一些疏漏和错误，欢迎各界人士批评指正。

编　者

目 录
CONTENTS

项目一
跨境电商关务基础

跨境电子商务活动中进出境商品的通关流程涉及海关、跨境电商相关企业和个人。无论是传统外贸还是跨境电商，进出境物品或货物的监管机构都是海关，跨境电商相关企业必须了解我国海关的基础情况、海关对跨境电商的基本监管政策，熟悉跨境电商与传统贸易在通关方面的主要区别。本项目从海关的性质与任务出发，介绍海关的管理体制与组织机构、海关的最新业务改革要点、海关对跨境电商企业注册管理及信用管理措施，概括跨境电商业务的通关模式，阐述跨境电商的数据申报工作及开展通关业务前的准备工作。

学习目标

［知识目标］

1. 了解我国海关的性质与任务、通关一体化的管理要点。
2. 熟悉海关对跨境电商相关企业的管理要求。
3. 熟悉不同类型的跨境电商通关模式。
4. 掌握跨境电商通关准备工作的内容。

［能力目标］

1. 能办理企业的海关注册备案登记手续，能查询企业的海关信用等级。
2. 能根据跨境电商的业务背景选择合适的通关模式。
3. 能设计跨境电商通关前的准备工作步骤。
4. 能核实拟备案的跨境贸易商品是否在政策允许范围内，能办理进口商品备案。

［素养目标］

通过理论知识学习和操作技能训练，培养法律意识、风险意识以及认真仔细的工作态度，增强知识产权保护意识。

项目导入

杭州XX网络科技有限公司是一家新近成立的跨境贸易电子商务公司，销售品类涵盖母婴、美容彩妆、家居生活、营养保健、服饰箱包、数码家电等，致力于为中国消费者提供物美价廉的境外日常生活用品。公司主要在美国、德国、意大利、日本、韩国、澳大利亚，以及中国香港和台湾地区设有办事处，在境外采购高品质、适合中国市场的商品，直接从原产地运抵国内的特殊区域的保税仓库，然后在跨境电商平台销售。

项目任务：

（1）分析该公司适合的跨境电商通关模式。

（2）分析该公司在开展跨境电商业务前要完成的准备工作。

（3）制作一份进口商品备案表。

工作任务

任务一　认识海关及海关业务改革

《中华人民共和国海关法》

一、海关的性质与任务

（一）海关的性质

《中华人民共和国海关法》（以下简称《海关法》）第二条规定：“中华人民共和国海关是国家的进出关境（以下简称进出境）监督管理机关。”这一规定明确了海关的性质，其包括以下含义：

1. 海关是国家行政机关

海关是国务院的直属机构，是代表国家对进出境活动进行监督管理的行政机关。

2. 海关是国家进出境监督管理机关

海关实施监督管理的范围是进出关境及与之有关的活动；海关实施监督管理的对象是所有进出境的运输工具、货物、行李物品、邮递物品和其他物品。

3. 海关的监督管理活动是国家行政执法活动

海关不仅有管理职能，也有执法职能，海关的监督管理活动是国家行政执法活动。

（二）海关的任务

依据现行《海关法》，海关的基本任务有监督管理、征收税费、查缉走私、编制海关统计等。

1. 监督管理

监督管理是海关依法对进出境运输工具、货物、物品进出境活动所实施的一种行政管理，是海关全部行政执法活动的统称。

2. 征收税费

跨境电商进口走私案例

征收税费工作包括征收关税和其他税费，依据是《海关法》和《中华人民共和国进出口关税条例》。

3. 查缉走私

《海关法》第五条规定：“国家实行联合缉私、统一处理、综合治理的缉私体制。海关负责组织、协调、管理查缉走私工作。”可见，海关是打击走私的主管机关。

4. 编制海关统计

海关统计是海关依法对进出口货物贸易的统计，是国民经济统计的组成部分。海关统计的任务是对进出口货物贸易进行统计调查、统计分析和统计监督，进行进出口监测预警，编制、管理和公布海关统计资料，提供统计服务。

除上述四项基本任务外，知识产权海关保护、海关反倾销与反补贴调查等也是当今海关的任务。关检融合后，出入境检验检疫管理也成为海关的主要任务。

案例分享

跨境电商出口商品知识产权侵权案例

【案情简介】

案例1：2020年9月7日，当事人委托司机驾驶粤港两地牌货车以跨境贸易电子商务方式向海关申报出口商品一批，目的地为中国香港。经查验，实际出口货物中有未申报的3M牌医用N95口罩17 520个，案值17.5万元。3M公司认为上述货物涉嫌侵犯其在海关总署备案的知识产权，依法向海关提出采取知识产权保护措施的申请。海关经立案调查后，做出没收上述侵权货物，并处罚款人民币35 000元的行政处罚。

案例2：知名平衡车品牌“纳恩博”（Segway-Ninebot）拥有多项平衡车及卡丁车外观设计专利，国内很多中小企业跟风生产和在电商平台上销售类似产品，被权利人提起专利侵权诉讼。专利侵权赔偿数额动辄数百万元。

【案例分析】

海关知识产权边境保护和知识产权纠纷是目前中国卖家在跨境电商出口业务中遇到的最主要的法律风险。入驻电商平台从事跨境电商的生产企业很多原来就是代工厂（Original Equipment Manufacturer，OEM），具备一定的加工和生产能力，但不具备产品研发和设计能力，主要采用模仿、小改动的方式跟单生产和销售产品。容易导致的后果是企业在出口环节被海关扣货，或者被权利方举证构成侵权，资金被冻结，库存被没收，甚至店铺直接被封，向权利方赔付侵权损害赔偿。

资料来源：刘科科．跨境电子商务零售进出口的关务法律风险．(2021-03-30) [2024-08-12]. https://www.china-xzgec.com/xzds/newsDeatils/99.

【案例启示】

经营跨境电商业务的企业和个人都应树立法律法规意识，尊重知识产权。供货工厂和跨境卖家应先开展有效的产品检索和分析，对商品涉及的商标、专利、版权注册情况进行尽职调查，以避免侵权风险。

二、海关的管理体制与组织机构

（一）海关的管理体制

1. 海关的领导体制

垂直领导就是下级工作部门直接由上级同类型工作部门指挥和领导。《海关法》第三条规定："国务院设立海关总署，统一管理全国海关。""海关的隶属关系，不受行政区划的限制。""海关依法独立行使职权，向海关总署负责。"因此，我国海关实行集中统一的垂直领导体制。

2. 海关的设关原则

国家在对外开放的口岸和海关监管业务集中的地点设立海关。

"对外开放的口岸"是指由国务院批准，允许运输工具及所载人员、货物、物品直接出入国（关）境的港口、机场、车站、边境通道。

"海关监管业务集中的地点"是指虽非国务院批准对外开放的口岸，但是海关某类或者某几类监管业务比较集中的地方，如转关运输监管、保税加工监管等。

（二）海关的组织机构

海关的组织机构设置不受行政区划限制，分为三级：海关总署→直属海关→隶属海关。三级海关的组织机构如图 1－1 所示。

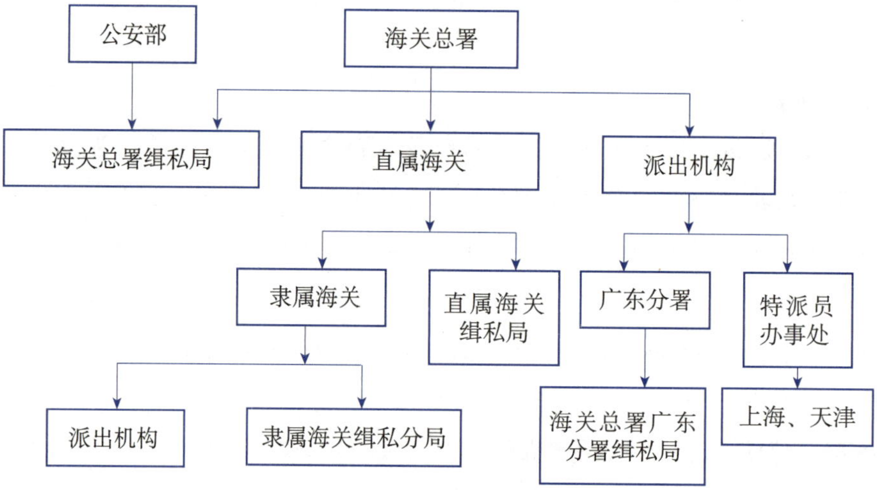

图 1－1　海关的组织机构

海关总署是全国海关的最高领导机关；直属海关是指直接由海关总署领导、负责管理一定区域范围内海关业务的海关；隶属海关是指由直属海关领导，负责办理具体海关业务的海关。各级海关还设有办事机构，属于派出机构的性质，其职权和业务范围由派出单位确定并管辖。

其中，海关缉私警察是专司打击走私犯罪活动的警察队伍。由海关总署、公安部联合组建中国海关缉私局，设在海关总署，实行由海关总署和公安部双重领导、以海关领导为主的体制。

三、海关业务改革

随着经济和科技的发展，海关的业务制度也在不断改革，以便提高通关效率、优化营商环境、促进贸易便利化。近年来，主要的海关业务改革包括全国海关通关一体化、关检融合，以及两步申报、两段准入。

（一）全国海关通关一体化

海关总署公告2017年第25号（《关于推进全国海关通关一体化改革的公告》）规定，自2017年7月1日起，全国海关采用“通关一体化”管理模式。

1. 通关一体化的管理要点

通关一体化改革的主要标志是启用“两中心”、实施“三制度”，即海关总署设立风险防控中心（现更名为“风险防控局”）和税收征管中心（现更名为“税收征管局”），实施“一次申报、分步处置”、改革税收征管方式，通过隶属海关功能化改造推动实现协同监管。

（1）风险防控中心。

海关总署风险防控中心主要承担货物的安全准入风险防控工作，负责供应链企业的风险评估，负责报关单安全准入风险参数设置及后续处置。海关总署还在各直属海关设立二级风险防控中心。两级风险防控中心分别负责全域性和本关区安全准入风险防控，形成错位分工、协同叠加的工作格局。

（2）税收征管中心。

海关总署税收征管中心的主要职责是按照商品和行业分工，对涉税申报要素的准确性进行验证和处置，重点防控涉及归类、价格、原产地等税收征管要素的税收风险。

（3）一次申报、分步处置。

海关原来的通关流程是接受申报、审单、查验、征税、放行的“串联式”作业流程。全国海关通关一体化改革后，采用“一次申报、分步处置”的新型通关管理模式，在企业完成报关和税款自报自缴手续后，安全准入风险主要在口岸通关现场处置，税收征管要素风险主要在货物放行后处置，见表1-1。

表1-1 “一次申报、分步处置”管理模式

业务次序	通关阶段	实施主体	操作内容
1	企业一次申报	申报企业	申报、自主缴税或担保
2	海关第一步 （放行前）	风险防控中心、口岸海关 （通关监管）	货物准入审查
3	海关第二步 （放行后）	税收征管中心、属地海关 （后续稽查）	税收征管审查

“一次申报、分步处置”模式下，企业在一次申报阶段可以进行电子申报、计算税费、线上缴纳税款或提供担保等操作。在企业申报后，海关第一步管理：由海关风险防控中心分析货物是否存在禁限管制、侵权、品名规格数量伪瞒报等安全准入风险属性，决定是否下达布控指令，排查准入风险后企业自主缴税或提供担保后放行。若需要在放行前验核有关单证、留存相关单证/图像等资料的，则由现场验估岗进行放行前处置；若需要实施实货验估的，则由现场查验人员根据指令要求实施放行前实货验估处置。海关第二步管理：由税收征管中心在货物放行后对报关单税收征管要素实施批量审核，筛选风险目标，统筹实施放行后验估、稽（核）查等作业。

（4）改革税收征管方式。

税收征管方式的主要改革是实行“自主申报、自行缴税”（以下简称“自报自缴”）。目前，企业可在办理报关单预录入时自行选择是否“自报自缴”。

企业未选择“自报自缴”模式的，进口货物仍按原有税收征管模式办理。海关接受企业申报后审核涉税要素，组织验估、查验等作业，企业按海关审核的税费缴纳后，海关放行货物。

企业选择“自报自缴”模式的，企业在报关单申报系统对系统显示的税费计算结果进行确认，发送报关单并被海关接受后就可自行办理相关税费缴纳手续。货物放行后，海关根据风险分析对企业申报的价格、归类、原产地等税收征管要素进行抽查审核。

（5）隶属海关功能化建设。

隶属海关划分为口岸型、属地型、综合型三大类。

对隶属海关进行功能化改造，让不同的海关承担不同的任务，分别进行相关业务的处理：口岸型海关主要负责对货物进行通关现场监管；属地型海关主要对企业进行后续的稽查和信用管理，形成不同海关协同监管；综合型海关不仅涉及口岸现场的监管，也包括对企业的属地化管理。

此外，实施隶属海关功能化改造后，全国海关各现场设立综合业务岗、现场验估岗，使海关所有业务现场可以像银行网点一样，“一窗通办”所有海关业务。

2. 通关一体化的优点

（1）企业便利申报，可以自主选择申报的海关，消除了申报的关区限制。

（2）海关执法统一，在两个中心的处置下，全国通关的政策和规定在执行标准上更加一致。

（3）通关效率大大提高，口岸通关环节弱化海关验核，企业自报自缴，通关手续前推（归类预裁定、预审价、原产地预确定）后移（加大通关后报关单批量复核和海关稽查的力度），使企业节约通关时间和通关成本。

（二）关检融合

关检融合指的是国家将出入境检验检疫管理职能和队伍划入海关总署，实现报关和报检的融合。为了认真贯彻执行中共中央印发的《深化党和国家机构改革方案》，海关总署制定了《全国通关一体化关检业务全面融合框架方案》，明确了海关、原国检申报系统及数据合并整合，目标做到五个统一，即申报统一、系统统一、风控统一、指令下达统一、现场执法统一，并于 2018 年 8 月 1 日起实施。

关检融合的总体思路是“两变两不变”。“两变”：一是执法内容拓宽，海关将检验检疫作业融入全国通关一体化整体框架和流程，在“两中心”与现场作业各岗位、各环节整合检验检疫工作职责与内容，实现“整合申报”“查检合一”“多查合一”；二是管理手段延伸，海关将管理进一步延伸至进出境商品的境外和境内生产加工、存放、使用单位管理等环节。“两不变”：一是业务架构不变，保持全国通关一体化“中心—现场式”基本架构；二是作业流程不变，保持“一次申报、分步处置”的基本流程。

（三）两步申报、两段准入

1. “一次申报”模式

“一次申报”即传统的申报模式，企业将全部申报数据一次性发送给海关审核，海关放行后企业可以提离货物，同时可以销售或使用货物。

2. “两步申报”模式

海关总署于 2019 年 8 月开始“两步申报”的试点，根据海关总署公告 2019 年第 216 号（《关于全面推广“两步申报”改革的公告》），海关自 2020 年 1 月 1 日起全面推广“两步申报”改革。推广“两步申报”改革的同时保留现有“一次申报”模式，企业可自行选择一种模式进行申报。

“两步申报”模式下，企业将报关数据的发送分为两步：概要申报＋完整申报。第一步，企业概要申报后经海关同意即可提离货物；第二步，企业自运输工具申报进境之日起 14 日内完成完整申报，准予销售或使用。“两步申报”的基本流程如图 1－2 所示。

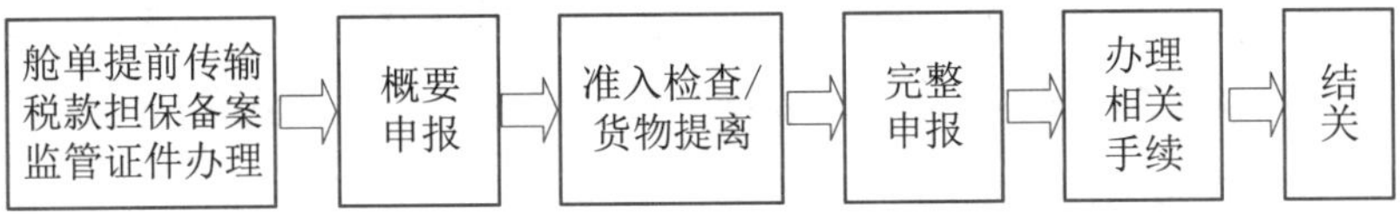

图 1－2　“两步申报”的基本流程

适用“两步申报”需要同时满足下列条件：境内收发货人的信用等级不能是失信企业；涉及的监管证件已实现联网核查（见海关总署公告 2019 年第 127 号附件 2）。

对于应税货物，企业需要提前向注册地直属海关关税职能部门提交税收担保备案申请，担保额度可根据企业税款缴纳情况循环使用。

3. 两段准入

2019 年 3 月，海关总署印发《海关全面深化业务改革 2020 框架方案》，开始“两段准入”的试点工作；2020 年 12 月 22 日，海关总署全面推广“两段准入”信息化监管。

“两段准入”是指海关以进境货物准予提离口岸海关监管作业场所（场地）为界，分段实施“是否允许货物入境”（“第一段监管”）和“是否允许货物进入国内市场销售或使用”（“第二段监管”）两类准入监管的监管作业方式。

“第一段准入”是指，进口货物提离口岸海关监管区前，海关对有检疫、查验等要求的货物，实施口岸检查，确定“是否允许货物入境”；

“第二段准入”是指，进口货物提离口岸海关监管区后，海关对有检验要求的货物，实施目的地检查，确定“是否允许货物进入国内市场销售或使用”。

4. 两步申报与两段准入的区别和联系

两步申报与两段准入这两种政策的实施，都可以为企业带来实现进口货物更快提离、企业通关效率提高、仓储成本降低的效果。

从字面意义上理解，“两步申报”是在进口申报过程中的一种申报方式，而“两段准入”是海关在监管作业时的分类管理。

从流程上看，企业可以同时采取这两种方式进行通关申报，当然前提是要符合这两种政策的要求。两步申报模式下，概要申报对应的是“准许入境”监管（第一段），完整申报对应的是“合格入市”监管（第二段）。

任务二　认识海关对跨境电商相关企业的管理

一、跨境电商相关企业

电商是电子商务的简称，跨境电商企业就是跨境电子商务企业，泛指通过自建或者利用第三方电子商务交易平台开展跨境电子商务业务的企业。

海关对跨境电子商务相关企业的定义较为严谨。根据商务部、发展改革委、财政部、海关总署、税务总局、市场监管总局《关于完善跨境电子商务零售进口监管有关工作的通知》（商财发〔2018〕486 号）和《关于跨境电子商务零售进出口商品有关监管事宜的公告》（海关总署公告 2018 年第 194 号），参与跨境电商业务的企业除跨境电子商务企业外，还包括跨境电子商务企业境内代理人、跨境电子商务平台企业、境内服务商（包括支付企业、物流企业、报关企业、仓储企业）：

商财发〔2018〕486 号公告

“跨境电子商务企业”是指自境外向境内消费者销售跨境电子商务零售进口商品的境外注册企业（不包括在海关特殊监管区域或保税物流中心内注册的企业），或者境内向境外消费者销售跨境电子商务零售出口商品的企业，为商品的货权所有人。

“跨境电子商务企业境内代理人”是指开展跨境电子商务零售进口业务的境外注册企

业所委托的境内代理企业，由其在海关办理注册登记，承担如实申报责任，依法接受相关部门监管，并承担民事责任。

“跨境电子商务平台企业”是指在境内办理工商登记，为交易双方（消费者和跨境电子商务企业）提供网页空间、虚拟经营场所、交易规则、信息发布等服务，设立供交易双方独立开展交易活动的信息网络系统的经营者。

“支付企业”是指在境内办理工商登记，接受跨境电子商务平台企业或跨境电子商务企业境内代理人委托为其提供跨境电子商务零售进口支付服务的银行、非银行支付机构以及银联等。

“物流企业”是指在境内办理工商登记，接受跨境电子商务平台企业、跨境电子商务企业或其代理人委托为其提供跨境电子商务零售进出口物流服务的企业。

二、跨境电商相关企业的海关注册登记

（一）企业注册登记的一般规定

海关总署公告 2018 年第 194 号规定了跨境电子商务零售进出口业务相关企业的注册登记要求。相关规定如下：

跨境电子商务平台企业、物流企业、支付企业等参与跨境电子商务零售进口业务的企业，应当依据海关报关单位注册登记管理相关规定，向所在地海关办理注册登记；境外跨境电子商务企业应委托境内代理人向该代理人所在地海关办理注册登记。

海关总署公告
2018 年第 194 号

跨境电子商务企业、物流企业等参与跨境电子商务零售出口业务的企业，应当向所在地海关办理信息登记；如需办理报关业务，向所在地海关办理注册登记。

物流企业应获得国家邮政管理部门颁发的快递业务经营许可证。直购进口模式下，物流企业应为邮政企业或者已向海关办理代理报关登记手续的进出境快件运营人。

支付企业为银行机构的，应具备银保监会*或者原银监会颁发的金融许可证；支付企业为非银行支付机构的，应具备中国人民银行颁发的支付业务许可证，支付业务范围应当包括“互联网支付”。

（二）跨境电商企业海关备案

1. 报关单位的含义及类型

根据《中华人民共和国海关报关单位备案管理规定》（海关总署令第 253 号），“报关单位，是指按照本规定在海关备案的进出口货物收发货人、报关企业”。海关对报关单位

* “银保监会”现已更名为“国家金融监督管理总局”。

的管理从“注册登记”转为“备案”。报关单位的类型如图 1－3 所示。

- 报关单位
  - 进出口货物收发货人（自理报关）
    - 有进出口经营权（有登记备案表）
    - 无进出口经营权（无登记备案表，从事非贸易性活动）
  - 报关企业（代理报关）
    - 货运代理公司（可直接代理，也可间接代理（快件））
    - 专业报关公司（只能直接代理）

图 1－3　报关单位的类型

从事贸易的跨境电商企业应注册为进出口货物收发货人，原先已经办理过注册的则需要办理业务变更登记，增加跨境业务。代理其他单位向海关申报贸易数据的企业应注册为报关企业。进出口货物收发货人可以自己报关（自理报关），也可以委托报关企业代理报关。

向海关申报贸易数据的跨境电商企业都要取得进出口货物收发货人的资质，需要办理海关注册（备案）登记。

2. 报关单位的海关注册（备案）登记

报关企业应当经所在地直属海关或者其授权的隶属海关办理注册登记许可后，方能办理报关业务，进出口货物收发货人可以直接到所在地海关办理注册登记。报关单位可以在办理注册登记手续的同时办理所属报关人员备案。

（1）办理条件。企业已办理工商营业执照，并且已获取商务部门颁发的对外贸易经营者备案登记表，即企业已获得进出口经营权。

（2）办理流程。申请企业登录“互联网＋海关”一体化平台（http://online.customs.gov.cn），或者登录“中国国际贸易单一窗口”标准版（http://www.singlewindow.cn/）“企业资质”子系统的“备案申请”模块填写相关信息（如图 1－4 所示），向所在地海关提出申请并递交材料。新设立的企业可以通过“多证合一”方式在办理营业执照时提交海关注册登记申请。

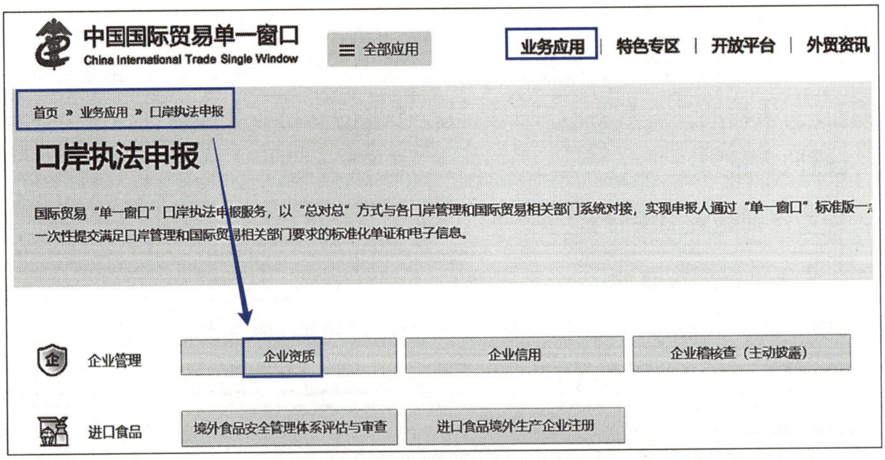

图 1－4　中国国际贸易单一窗口海关企业注册备案界面

申请提交成功后，企业需要到所在地海关企业管理窗口提交加盖企业印章的报关单位情况登记表。所在地海关对申请人提出的申请进行审核，对材料齐全、符合法定条件的，海关核发海关进出口货物收发货人备案回执（“多证合一”改革实施后，海关不再向企业核发报关单位注册登记证书，原先颁发的登记证书长期有效）。完成注册登记的报关单位同时拥有报关、报检两项资质和相应的注册登记号码。

报关单位情况登记表

三、海关信用管理

参与跨境电子商务零售进出口业务并在海关注册登记的企业，纳入海关信用管理。《中华人民共和国海关注册登记和备案企业信用管理办法》（海关总署令第251号）规定了海关对报关单位的信用分类管理相关制度。

（一）基本规定

海关根据报关单位的信用状况将报关单位认定为高级认证企业、失信企业和其他企业（注册登记和备案企业），按照诚信守法便利、失信违法惩戒原则，分别适用相应的管理措施，见表1-2。

表1-2　不同管理类别企业的差别管理措施

信用等级	高级认证企业	失信企业	其他企业
信用状况	信用突出	信用较差	信用一般
管理措施	适用便利的管理措施	适用严格的管理措施	适用常规的管理措施

认证企业是中国海关经认证的经营者（Authorized Economic Operator，AEO）。中国海关依据有关国际条约、协定以及我国的信用管理办法，开展与其他国家或地区海关的AEO互认合作，并且给予互认企业相关便利措施。

因此，信用良好的认证企业，不仅能享受海关给予的通关便利措施，也可享受其他部门给予的联合激励措施，在AEO互认合作的国家或地区还能享受通关便利措施。在海关注册登记的跨境电商相关企业都应根据《海关高级认证企业标准》的规定积极向海关申请认证。

（二）企业信用等级查询

在海关注册登记企业的海关信用等级，可以在中国海关企业进出口信用信息公示平台（http://credit.customs.gov.cn/）查询。

首先，登录平台网站后输入企业名称，如图1-5所示。在弹出的初步信息窗口中单击企业名称，如图1-6所示。

弹出的界面的右上角显示了该企业的信用等级状况，也可单击“信用等级”按钮查看具体信息，如图1-7所示。

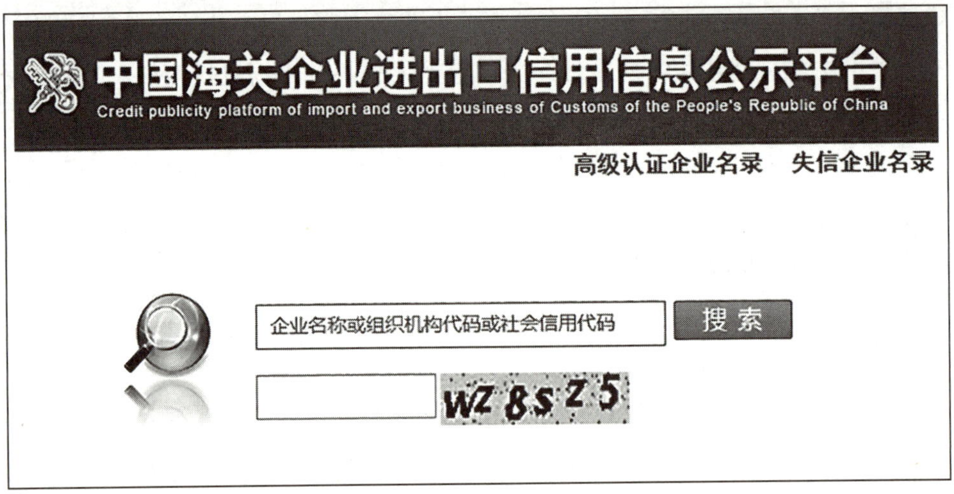

图 1-5　企业进出口信用信息公示平台查询界面

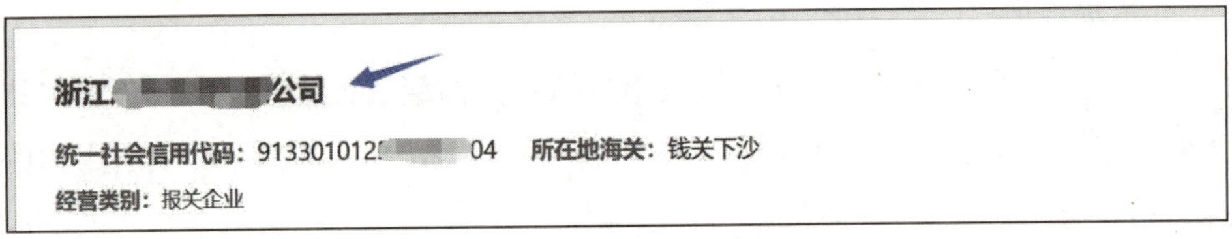

图 1-6　企业信用信息搜索结果

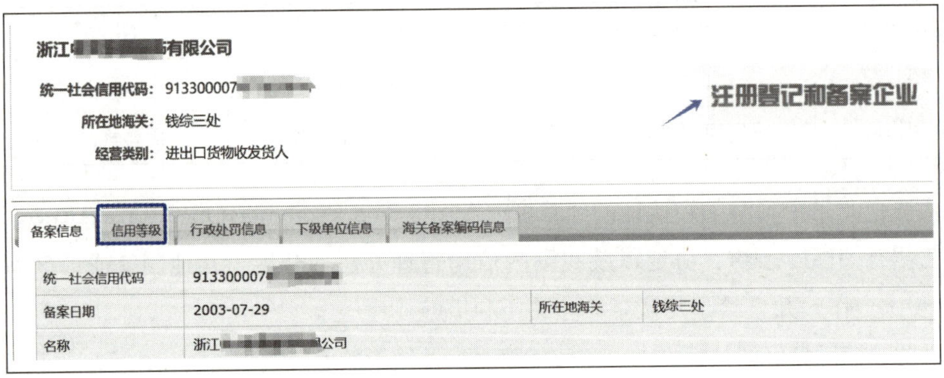

图 1-7　企业信用信息详情

任务三　认识跨境电商通关模式及数据申报

一、跨境电商通关模式

（一）跨境电商通关模式的种类

企业或个人从事跨境电商业务时采用什么样的通关模式，首先要核实企业的跨境电商业务的类型或个人进出境物品的背景，其次要根据海关公布的针对跨境电商业务的监管方式来考虑。2014 年以来，海关根据跨境电商的业务类型相继增列了 9610、1210、1239 三个针对跨境电商 B2C 业务的监管方式代码，2020 年又增列了 9710、9810 两个针对跨境电商 B2B 业务的监管方式代码。这些监管方式代码的含义及适用范围见表 1-3。

表 1-3　跨境电商业务的海关监管方式代码

海关监管方式代码及含义	适用范围	海关公告文号
“9610”，全称“跨境贸易电子商务”，简称“电子商务”	适用于境内个人或电子商务企业通过电子商务交易平台实现交易，并采用“清单核放、汇总申报”模式办理通关手续的电子商务零售进出口商品（通过海关特殊监管区域或保税监管场所一线的电子商务零售进出口商品除外）	海关总署公告 2014 年第 12 号
“1210”，全称“保税跨境贸易电子商务”，简称“保税电商”	适用于境内个人或电子商务企业在经海关认可的电子商务平台实现跨境交易，并通过海关特殊监管区域或保税监管场所进出的电子商务零售进出境商品（海关特殊监管区域、保税监管场所与境内区外（场所外）之间通过电子商务平台交易的零售进出口商品不适用该监管方式）	海关总署公告 2014 年第 57 号
“1239”，全称“保税跨境贸易电子商务 A”，简称“保税电商 A”	适用于境内电子商务企业通过海关特殊监管区域或保税物流中心（B 型）一线进境的跨境电子商务零售进口商品	海关总署公告 2016 年第 75 号
“9710”，全称“跨境电子商务企业对企业直接出口”，简称“跨境电商 B2B 直接出口”	适用于跨境电商 B2B 直接出口的货物	海关总署公告 2020 年第 75 号
“9810”，全称“跨境电子商务出口海外仓”，简称“跨境电商出口海外仓”	适用于跨境电商出口海外仓的货物	

除跨境电商 B2C 和 B2B 业务的通关模式外，个人从境外海淘、代购的商品可以通过邮政/国际快递的渠道运送入境，这种通关模式称为行邮模式。

因此，跨境电商业务的通关模式可以概括为跨境 B2C、B2B 和 C2C 模式，如图 1-8 所示。

跨境电商通关模式
- 跨境 B2C
  - 9610 模式（进口、出口）
  - 1210 模式（进口、出口）
  - 1239 模式（进口）
- 跨境 B2B——9710 模式（出口）
- 跨境 B2B2C——9810 模式（出口）
- 跨境 C2C——行邮模式（进口）

图 1-8　跨境电商通关模式

需要说明的是，跨境电商 1210 模式进口业务目前有两种经营业态：一种是电商企业从境外购买商品入境存入特殊区域后直接在跨境电商平台销售，另一种是某一经营 1210 模式的电商企业（A 企业）从境外购买商品入境存入特殊区域后没有直接在跨境电商平台销售，而是通过保税区区间结转的方式（监管方式为保税间货物，代码为 1200）结转给另外一家经营 1210 模式的电商企业（B 企业），由 B 企业在跨境电商平台销售。

（二）跨境电商通关模式比较

1. 业务类型比较

从业务类型看，跨境电商业务及对应的通关模式包括 B2C、B2B 和 C2C 三种类型，其中 B2C、B2B 业务有海关监管方式代码，C2C 行邮业务不设海关监管方式代码。

2. 商品流动方向比较

从商品流动方向看，跨境电商业务包括出口和进口两个方向。其中，跨境电商出口涉及 B2C 和 B2B 业务，相应的通关模式也分为 B2C 和 B2B 两种，跨境电商进口涉及 B2C 和 C2C 业务，见表 1－4。

表 1－4　跨境电商通关模式（出口与进口比较）

业务类型	出口通关模式	进口通关模式
B2C	9610、1210	9610、1210、1239
B2B	9710（B2B）、9810（B2B2C）	/
C2C	/	行邮

3. 跨境电商 B2C 通关模式比较

（1）跨境电商零售出口通关模式。

跨境电商零售出口通关模式包括 9610 和 1210 两种，目前主要以 9610 为主。二者区别见表 1－5。

表 1－5　跨境电商零售出口通关模式比较

比较项目	9610 模式出口	1210 模式出口
海关监管场所	海关指定的监管作业场所（按照快递类或邮递类海关监管作业场所规范设置）	在试点城市的特殊监管区域或保税物流中心（B 型）开展
出境前的暂存地点	销售后商品运往海关监管作业场所，报关查验后即刻放行	商品先运进特殊监管区域或保税物流中心（B 型）存储，存放时间长
物流模式	先国外消费者下单，再报关放行出境	商品先运进特殊监管区域，后国外消费者下单，再报关放行出境

（2）跨境电商零售进口通关模式。

跨境电商零售进口通关模式包括 9610 和 1210、1239 三种，目前主要以 1210 为主。三者区别见表 1－6。

表 1-6　跨境电商零售进口通关模式比较

比较项目	9610 模式进口	1210 模式进口	1239 模式进口
海关监管场所	海关指定的监管作业场所（按照快递类或邮递类海关监管作业场所规范设置）	在试点城市的特殊监管区域或保税物流中心（B型）开展	在试点城市之外的特殊监管区域或保税物流中心（B型）开展
入境后的暂存地点	在海关监管作业场所内暂存（报关查验后即刻放行）	商品进口后，作为保税货物存储在特殊监管区域或保税物流中心（B型），存放时间长	
物流模式	先国内消费者下单，后国外发货入境、报关放行后派送，时效相对较慢	先入境备货，后国内消费者下单、报关放行后派送，时效快	
商品首次进口要求	按个人自用进境物品监管，不执行有关商品首次进口许可批件、注册或备案要求		执行有关商品首次进口许可批件、注册或备案要求
退货管理	均可以申请退货		
商品范围	均受“跨境电子商务零售进口商品清单”（正面清单）限制		
消费总（限）额	消费者单次交易均不得超过 5 000 元，年度交易限值不得超过 26 000 元		
税收政策	在个人年度交易限值以内进口的跨境电商商品，关税税率全部是 0，进口环节增值税、消费税暂按法定应纳税额的 70%征收		

（3）跨境电商零售进口通关 1210 模式的试点城市。

2018 年 11 月，商务部等六部门出台跨境电商零售进口监管政策，在北京等 37 个城市试点运行，2020 年进一步扩大至 86 个城市及海南全岛。2021 年 3 月 18 日起，商务部等六部门出台的“商财发〔2021〕39 号”公告将跨境电商零售进口试点扩大至所有自贸试验区、跨境电商综试区、综合保税区、进口贸易促进创新示范区、保税物流中心（B型）所在城市（及区域）。今后相关城市（区域）经所在地海关确认符合监管要求后，即可按照“商财发〔2018〕486 号”的政策要求，开展网购保税进口业务。各试点城市（区域）应切实承担本地区跨境电商零售进口政策试点工作的主体责任，严格落实监管要求规定，全面加强质量安全风险防控，及时查处在海关特殊区域外开展“网购保税+线下自提”、二次销售等违规行为，确保试点工作顺利推进，共同促进行业规范健康持续发展。

4. 跨境电商 9610 通关模式与行邮模式比较

9610 通关模式与行邮模式均适合个人从境外购买合理数量的自用商品，通关时效均在 5～8 个工作日。二者的区别见表 1-7。

表 1-7　跨境电商 9610 模式进口与行邮模式进口的区别

通关模式	商品白名单要求	个人购买限额	征收税费	申报
9610	正面清单范围内（国家禁止邮递入境的除外）	每年 26 000 元，单笔少于 5 000 元	征收跨境电商税费，无免征额	“四单”信息（支付、物流、订单和清单）
行邮	无（国家禁止邮递入境的除外）	年度无限额，单笔少于 1 000 元（港澳台 800 元）	征收行邮税，50 元及以下免征	入境快件申报清单或入境邮件信息

5. 跨境电商 9710/9810 通关模式比较

9710/9810 监管方式的新增都是为了进一步促进我国跨境电商出口业务，海关出台的通关便利政策主要包括报关全程信息化、新增清单申报通道、综试区 6 位 HS 编码简化申报、查验优先安排等。跨境电商企业对企业出口业务的 9710、9810 方式的报关模式都有两种：清单申报模式、报关单申报模式。

（1）跨境电商 9710/9810 清单模式申报要点。

9710/9810 清单模式申报要点见表 1-8。

表 1-8　9710/9810 清单模式申报要点

申报要点	9710 模式	9810 模式
订单类型	B	W
电商平台代码	按实际填写（境外平台可填写“无”）	“无”
电商平台名称	按实际填写	海外仓名称
清单贸易方式	9710	9810
海外仓备案	/	电商企业需要提前在海关完成申报关区＋海外仓业务备案
货值要求	单票金额在 5 000 元及以下且不涉证、不涉检、不涉税	
申报地海关	试点关区	
简化申报	符合条件的企业可选 6 位 HS 商品编码简化申报	
单证和流程	参照 9610 出口业务	
数据比对	清单与订单/订仓单、运单比对	

（2）跨境电商 9710/9810 报关单模式申报要点。

9710/9810 报关单模式申报要点见表 1-9。

表 1-9　9710/9810 报关单模式申报要点

申报要点	9710 模式	9810 模式
订单类型	B	W
电商平台代码	按实际填写（境外平台可填写“无”）	“无”
电商平台名称	按实际填写	海外仓名称
海外仓备案	/	电商企业需要提前在海关完成申报关区＋海外仓业务备案
报关单贸易方式	9710	9810
报关单的随附单据编号	填写电商订单编号	填写海外仓订仓单编号
报关单的随附单据类别	代码 10000004（跨境电商 B2B 出口单证）	
报关单数据录入	中国国际贸易单一窗口录入，或者跨境电商通道导入	

续表

申报要点	9710 模式	9810 模式
货值要求	无。适合单票金额在 5 000 元以上或涉证或涉检或涉税的货物	
申报地海关	试点关区	
单证和流程	参照一般贸易（监管方式 0110）出口业务	
数据比对	报关单与订单/订仓单比对校验	

二、跨境电商数据申报

跨境电商与传统贸易在通关方面的主要区别在于跨境电商业务要申报订单、运单、支付单或收款单、电商清单等跨境贸易数据，而传统贸易没有此要求。

（一）跨境电商数据申报的业务单证和责任主体

根据海关总署公告 2018 年第 113 号（《关于修订跨境电子商务统一版信息化系统企业接入报文规范的公告》），跨境电商数据申报的业务单证及责任主体见表 1－10 和表 1－11。企业对于其向海关所申报及传输的电子数据承担法律责任，通关管理系统、服务系统、电商、物流、支付等相互间数据传输采用数字签名和验签技术保证传输过程中业务数据的防篡改性和防抵赖性，传输报文签名必须由通过国家密码管理局认证的硬件加密设备生成。

关于跨境电商进口业务的支付数据，根据海关总署公告 2018 年第 165 号（《关于实时获取跨境电子商务平台企业支付相关原始数据有关事宜的公告》），参与跨境电子商务零售进口业务的跨境电商平台企业应当向海关开放支付相关原始数据，供海关验核。开放数据包括订单号、商品名称、交易金额、币制、收款人相关信息、商品展示链接地址、支付交易流水号、验核机构、交易成功时间以及海关认为必要的其他数据。此后，海关总署公告 2018 年第 179 号（《关于实时获取跨境电子商务平台企业支付相关原始数据接入有关事宜的公告》）具体规定了支付相关原始数据的接口文档及接入方式。

表 1－10　进口业务单证及责任主体

序号	业务单证	责任主体	数字签名
1	进口清单	电商企业或其代理人	是
2	电子订单	电商企业或电商平台或受委托的快件运营人、邮政企业	是
3	支付单	支付企业或受委托的快件运营人、邮政企业	是
4	运单	物流企业	是
5	运单状态	物流企业	是
6	撤销申请单	电商企业或其代理人	是
7	退货申请单	电商企业或其代理人	是
8	入库明细单	海关监管作业场所经营企业	是

表 1-11　出口业务单证及责任主体

序号	业务单证	责任主体	数字签名
1	出口清单	电商企业或其代理人	是
2	电子订单	电商企业或电商平台	是
3	收款单	电商企业	是
4	运单	物流企业	是
5	运抵单	海关监管作业场所经营企业	是
6	离境单	物流企业	是
7	清单总分单	电商企业或其代理人	是
8	撤销申请单	电商企业或其代理人	是
9	汇总申请单	电商企业或其代理人	是

（二）跨境数据传输路径

企业自行开发的跨境电商数据传输系统（企业申报端）将跨境数据推送给当地电子口岸（路径 1），电子口岸推送给当地数据分中心（如果企业系统直接与数据分中心对接，则企业直接将数据推送给数据分中心，路径 2），当地数据分中心再推送给海关总署跨境统一版系统。海关总署跨境统一版系统接收数据审核后发送入库回执原路返回企业申报端。跨境数据传输路径如图 1-9 所示。

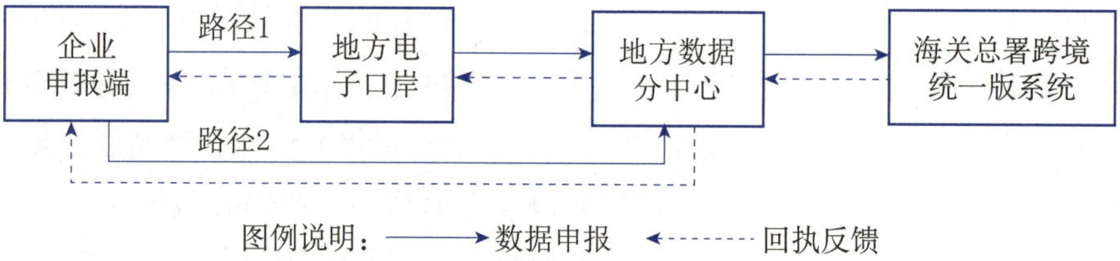

图 1-9　跨境数据传输路径

任务四　跨境电商通关准备工作

一、跨境电商数据申报系统对接

参与跨境电商业务的相关企业首先要与当地跨境电子商务综合试验区下属的某个跨境贸易电子商务产业园管委会进行跨境业务开展前的洽谈，获得批准后再按规定进行海关注册登记，完成上述两项工作之后，再办理跨境电商数据申报系统的对接工作，包括电子口岸 IC 卡申请、数据传输 ID 申请、跨境电商通关服务平台申报主体备案、接口改造与对接等。

（一）申请电子口岸 IC 卡

中国电子口岸是一个公共数据中心和数据交换平台，依托国家电信公网，实现工商、税务、海关、外汇、外贸、质检、银行等部门以及进出口企业、加工贸易企业、外贸中介服务企业、外贸货主单位的联网，将进出口管理流信息、资金流信息、货物流信息集中存放在一个集中式的数据库中，随时提供给国家各行政管理部门进行跨部门、跨行业、跨地区的数据交换和联网核查，并向企业提供应用互联网办理报关、结付汇核销、出口退税、网上支付等实时在线服务。

参与跨境电子商务业务的企业应当在中国电子口岸注册企业用户，获得电子口岸 IC 卡并将 IC 卡插入读卡器（如图 1－10 所示），登录后才能在中国国际贸易单一窗口办理各项通关业务。

办理 IC 卡时，申请企业应向中国电子口岸数据中心在所在地设立的数据分中心提出新入网（办理电子口岸 IC 卡）申请并递交材料。所在地数据分中心对申请人提出的申请进行审核，对材料齐全、符合条件的，予以制发电子证书。

图 1－10　中国电子口岸 IC 卡及读卡器

办理电子口岸 IC 卡业务，需要先网上预约再现场办理。例如，中国电子口岸数据中心杭州分中心电子口岸 IC 卡业务的服务指南入口如图 1－11 所示，企业也可拨打电子口岸的热线电话 95198 咨询办理。

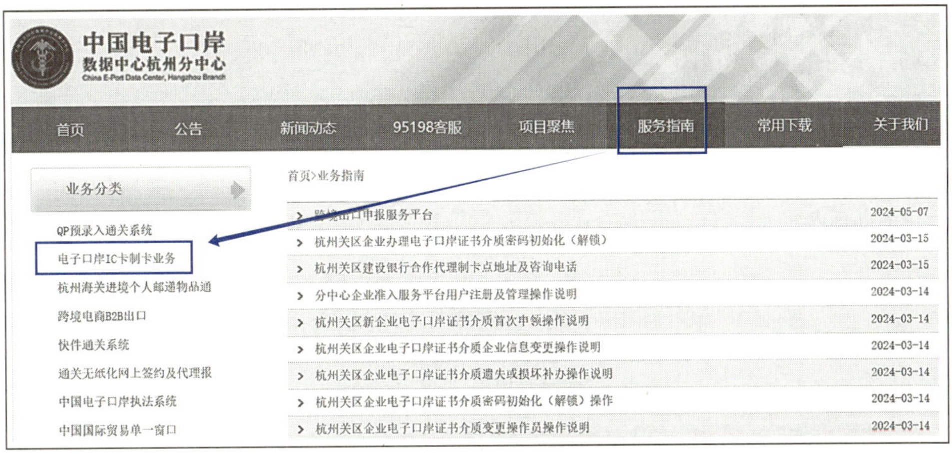

图 1－11　数据中心杭州分中心电子口岸 IC 卡业务服务指南入口界面

以中国电子口岸数据中心杭州分中心的规定为例，三证合一企业办理新入网时要准备以下材料：

（1）营业执照原件。

（2）对外贸易经营者备案登记表（内资企业提供）原件及盖章复印件。

（3）海关进出口货物收发人备案回执原件及盖章复印件。

（4）电子口岸入网申请表填写完整并加盖企业公章。

（5）法人代表及操作员身份证件（盖章复印件）。

（6）经办人身份证件（复印件）。

（7）海关签发的报关人员备案证明（申请报关员卡要提供）。

中国电子口岸
入网申请表

（二）地方电子口岸注册

跨境电子商务的通关业务有很多操作要通过地方电子口岸来进行，因此企业还需要注册地方电子口岸。以浙江电子口岸为例，新企业注册需要准备以下资料：

（1）浙江电子口岸业务办理申请单（填写后加盖公章）（样式见表1-12）。

表1-12　浙江电子口岸业务办理申请单

企业基本信息	
*企业名称	
*统一社会信用代码	
*主管海关	
*海关十位编码	
*企业性质	（选择填写名称或代码：1）货代　2）报关行　3）理货　4）船代　5）船供　6）船修　7）洗舱　8）航空公司　9）进出口贸易企业　10）义乌商城　11）其他）
*联系人/联系方式	
*传输人代码（新舱单及运输工具企业必填）	
*联系通信地址	
业务办理信息	
*办理内容	□新企业开权限　□新增操作员开权限　□其他
业务类型	□杭州海关大通关平台　□特殊监管区/金关二期　□特殊监管区普通账号开通　□跨境—进口　□跨境—出口　□新舱单及运输工具（船舶）　□新舱单及运输工具（空港）　□市场采购贸易联网信息平台　□船修申报　□其他

新增操作员					
* 姓名	证件类型	证件号码	* 注册用户名（新舱单企业必填）	* IC 卡卡号	备注信息
申请单位盖章： 申请日期：					

（注：加 * 栏目为必填项）

（2）营业执照正本或副本电子档（也可提供复印件并加盖公章）。

（3）杭州跨境贸易电子商务通关服务平台用户需要提供杭州跨境贸易电子商务通关服务平台使用协议（加盖公章）。

（4）杭州海关大通关平台货代用户需要提交浙江省商务部提供的国际货运代理企业备案表复印件（加盖公章）。

（5）杭州海关大通关平台用户需要提交现场海关签字盖章的系统权限模块开通情况说明（加盖公章）。

企业用户将资料的彩色扫描件发至指定邮箱，发送后致电告知客服查收邮件。

企业用户在注册成功后即可登录地方电子口岸办理开通权限的相关业务。浙江电子口岸登录界面如图 1－12 所示。

图 1－12　浙江电子口岸登录界面

（三）中国国际贸易单一窗口注册

“中国国际贸易单一窗口”统一门户网站（首页如图 1－13 所示）是全国“单一窗口”的统一入口和口岸综合资讯服务平台，由国家口岸管理办公室主办，由中国电子口岸数据中心负责运行维护，于 2016 年 12 月 31 日正式上线运行。中国国际贸易单一窗口（以下简称单一窗口）分为中央标准版和地方版两个版本。

1. 注册标准版单一窗口

企业用户的注册分为“有卡用户”和“无卡用户”两种。有卡用户是指已经拥有中国电子口岸 IC 卡的企业，持电子口岸 IC 卡的用户可插卡快速注册（企业信息由系统自动返填）；无卡用户注册时所有信息都需要手动录入。

图 1-13 标准版单一窗口首页（新版）

企业用户账号分为管理员用户与操作员用户两种类型。一个企业只能注册一个管理员账号，但可注册多个操作员账号。企业注册时，必须先注册管理员账号，然后由管理员添加操作员账号或插入操作员 IC 卡注册。

有卡用户插入电子口岸法人 IC 卡登录标准版单一窗口，系统会自动检测该企业是否已注册管理员。若没有注册管理员，系统直接跳转到管理员注册界面，手动修改或补充管理员账号信息后完成注册。若已经注册管理员，则系统进一步检测该管理员账号是否已经绑定 IC 卡，如果未绑定，则系统提示需要输入账号和密码进行 IC 卡绑定。完成账号注册后，管理员需要在用户管理系统勾选企业要开通的业务功能进行备案（应用权限备案），然后操作员才可进行相关业务的操作。

有卡用户插入操作员 IC 卡登录单一窗口，若已经注册管理员，则系统直接跳转到操作员注册界面，企业信息由系统自动返填，操作员信息需要手动输入。信息按要求填写完毕后，点击界面下方的“中国国际贸易单一窗口平台服务使用协议”，阅读后勾选“阅读并同意”，点击“确认注册”按钮即可。

2. 注册地方版单一窗口

地方版的单一窗口注册根据各地方的规定办理。以浙江省为例，浙江国际贸易单一窗口平台（如图 1－14 所示）支持浙江电子口岸和宁波电子口岸原有账号直接登录，同时为新用户设计了统一注册再到浙江/宁波平台各自备案的流程。

进入用户首页后，新用户需要先进行企业信息备案。点击任意模块会自动跳转到企业信息备案页面，填写详细的企业信息。工作人员对企业信息进行审核后，为企业开通相应系统的权限。

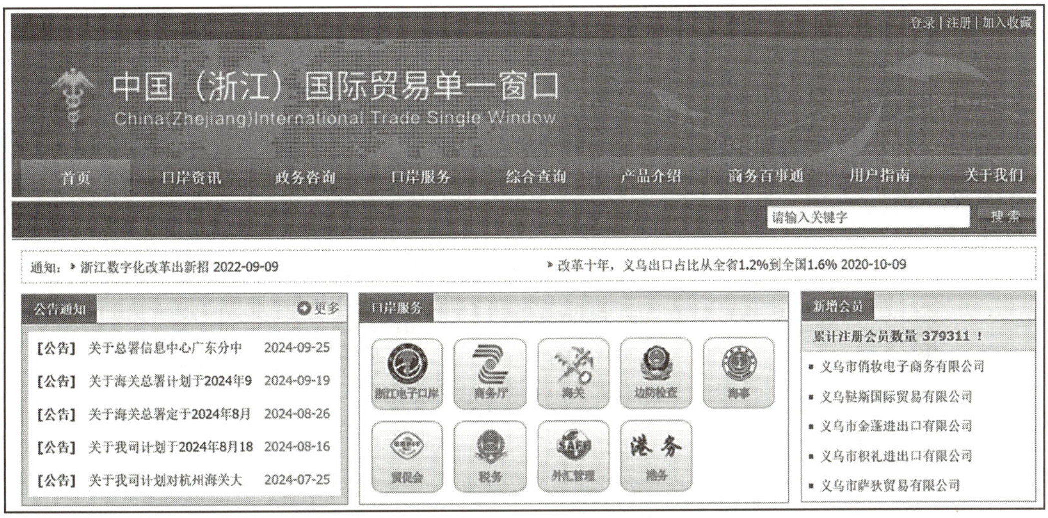

图 1－14　中国（浙江）国际贸易单一窗口首页

（四）申请数据传输 ID

跨境电商与一般贸易在通关操作方面的一个主要区别是，跨境电商业务要向海关申报“三单”数据（电商企业申报订单、物流企业申报运单、支付企业申报支付单/收款企业申报收款单），即“数据申报”，而一般贸易只申报报关单。目前只有向本地的电子口岸数据分中心申请数据传输 ID 的企业才能申报跨境电商数据。企业在注册中国电子口岸后拥有 IC 卡、完成海关进出口货物收发货人或报关企业资质备案后，即可向本地的电子口岸数据分中心申请数据传输 ID、提交数据交换接口开通申请表（见表 1－13）。

（五）跨境电商通关服务平台申报主体备案

从事跨境电商业务的企业，除了在海关办理注册（备案）登记外，也需要在本地电子口岸建设的跨境电商通关服务平台办理申报主体备案（企业备案），各地要求略有不同。

以杭州关区的跨境电商通关服务平台“跨境一步达”（www.kjeport.com，如图 1－15 所示）为例，企业在浙江电子口岸注册完成后，电子口岸会提供本地的跨境电商通关服务平台登录账号及密码。根据账号登录“跨境一步达”系统，在“系统管理”中的“申报主体备案”模块点击“新增”，按要求填写备案信息，填制完成后点击“申报”向海关发送备案申请并等待海关的审核。用户备案审批通过后，还需要联系服务平台开通后续申报权限。

表 1-13　××关区数据交换接口开通申请表　　编号：________

企业名称			
组织机构代码/ 统一社会信用代码			
海关十位编码		电子口岸 IC/Ikey 卡号	
联系人		联系电话	
电子邮箱		申请日期	
业务类型	□跨境进口统一版　□跨境出口统一版 □跨境出口 9710/9810（勾选业务模式）：□清单模式　□报关单模式 □EWTP 业务		
传输节点	□二级节点（中国电子口岸数据中心××分中心） □三级节点________（请填写分节点名称）		
申请服务类别	□新上线企业　□已上线用户业务类型调整　□企业注销		
申请业务类别	□清单数据　□订单数据　□运单数据　□收款单数据 □运抵单　□离境单　□入库明细单数据　□支付单数据 □其他：____（根据传输报文格式选择）____		
服务类密码设备	□IC 卡　□IKey　□加密机　□其他：________		
备注：为保证申报数据的安全，企业申请的电子口岸证书及关联密码服务设备必须确保实际使用者与申请者一致，如需托管密码服务设备及相关证书，托管方需要具备相应授权。如对业务类型或传输节点不清楚，请关注“×××”微信公众号进行咨询。 企业法人（或授权代表）签名：　　（企业签章处） 日期：　年　月　日			

图 1-15　“跨境一步达”首页

（六）接口改造与对接

跨境电商相关企业在完成数据传输ID申请和跨境电商通关服务平台企业备案后，还要向当地电子口岸（三级节点）或数据分中心（二级节点）申请业务数据交换接口使用，审核通过后，企业自行或选择通过第三方服务商提供的技术服务改造企业自身内部系统，生成符合海关业务规范的报文，实现数据交换功能。然后，企业申请业务数据交换接口使用联调（上线），系统调试完成后即可进行跨境数据申报。

二、跨境电商进口业务商品备案

跨境电商出口业务不需要办理商品备案，但跨境电商进口业务因为有“正面清单”限制，开展业务前需要先办理商品备案。

（一）办理商品备案

对于企业办理商品备案的要求，海关各关区没有统一的规定。跨境电商企业或代理人按本地海关的国检部门和通关部门的要求准备好商品备案资料（样式见表1－14和表1－15）后分别交给海关指定的部门，海关的国检部门和通关部门审批通过后完成商品备案工作。

送海关国检部门的商品备案明细表制作完成后须仔细检查资料的完整性与准确性，查询税号等信息是否准确，产品名称须有品牌、规格等信息。

表1－14 国检商品备案明细表（参考样式）

序号	产品名称	HS编码	商品信息（品牌、组成成分、功能、用途、包装方式、生产商等）	规格型号	数量单位	原产国	贸易方式	条形码编号	备注（产品和条形码图片）

表1－15 海关商品备案明细表（参考样式）

序号	项号	HS编码	商品名称	料号名称	料号编码	申报单位	币制	原产国	申报要素

送海关通关部门的商品备案明细表需仔细审核产品的料号。产品的料号涉及后面出区、三单对碰等，后期很难变更，因此要注意核对，一旦有误（理货的时候可以检查出来，有错误的料号需要更改备案），会影响后期商品的出区和入区等。

需要注意产品的料号与商品的 SKU 号不同。产品的料号是商品本身条码，SKU（Stock Keeping Unit，库存量单位）号是商品挂在电商平台上售卖的一个码，每个产品对应一个 SKU 号。通过平台售出的这个码与电商企业的 ERP/WMS 系统中保存的料号是关联的，因为仓库管理是根据料号和 SKU 号管理，而平台上销售是根据 SKU 号，所以两者之间要有个关联。例如：料号名称"美国 Mead Johnson 美赞臣婴幼儿配方奶粉 1 段（0～12个月宝宝）765g＊2（两罐装）"的商品本身条码为 300875107249，则在商品备案数据池里添加 SKU 号，编写规则可以为：国家 2 字母代码 AM＋品牌首字母缩写 MJ＋序列号 0001，即编写的 SKU 号为 AMMJ0001。由于同一个品牌有不同的型号，因此有多个 SKU。

（二）正面清单

跨境电商零售进口业务允许经营的商品范围受政府公布的"正面清单"限制，即只有在公布的商品清单内的产品才可以按跨境电商模式进口。正面清单的内容可登录财政部等网站查询，清单不定期更新。财政部、发展改革委、海关总署、税务总局、市场监管总局等 13 个部门 2019 年 12 月联合公布于 2020 年 1 月 1 日起实施的"正面清单"如图 1－16 所示。2022 年 1 月 28 日，财政部等 8 部门发布了 2022 年第 7 号公告，对 2019 年版"正面清单"进行了调整，2022 年 3 月 1 日起执行。经过此次优化调整，清单商品税号进一步增加到 1 476 个。

企业在准备商品备案资料时，要注意核实拟进口的商品在正面清单范围内，并注意正面清单备注栏的要求，有些商品仅适用于网购保税（1210）模式进口，而有些商品有例外规定或限制规定。

跨境电子商务零售进口商品清单（2019 年版）

跨境电子商务零售进口商品清单调整表

附件：跨境电子商务零售进口商品清单（2019年版）

序号	8位税号	商品描述	备注
1	02101900	干、熏、盐制的其他猪肉	仅限网购保税商品
2	02102000	干、熏、盐制的牛肉	仅限网购保税商品
3	03061100	冻岩礁虾和其他龙虾	仅限网购保税商品
4	03061200	螯龙虾（螯龙虾属）	仅限网购保税商品
5	03061490	其他冻蟹	仅限网购保税商品
6	03061500	冻挪威海螯虾	仅限网购保税商品
7	03061611	冻冷水小虾虾仁	仅限网购保税商品

图 1－16　跨境电子商务零售进口商品清单（2019 年版）

（三）负面清单

商品的“负面清单”是指国家不允许经营的商品范围。跨境电商的商品“负面清单”是指《中华人民共和国禁止携带、寄递进境的动植物及其产品和其他检疫物名录》，该名录由农业农村部、海关总署于 2021 年 10 月 20 日发布公告（第 470 号）并实施。农业农村部和海关总署将在风险评估的基础上，对该名录实施动态调整。根据该公告，跨境电商 B2C 模式和行邮模式进境的个人物品均不得涉及“负面清单”内的商品。

“负面清单”的商品名录如下：

1. 动物及动物产品类

（1）活动物（犬、猫除外）。包括所有的哺乳动物、鸟类、鱼类、甲壳类、两栖类、爬行类、昆虫类和其他无脊椎动物，动物遗传物质。具有输出国家或地区官方机构出具的动物检疫证书和疫苗接种证书的犬、猫等宠物，每人仅限携带或分离托运一只。具体检疫要求按相关规定执行。

（2）（生或熟）肉类（含脏器类）及其制品。

（3）水生动物产品。干制，熟制，发酵后制成的食用酱汁类水生动物产品除外。

（4）动物源性乳及乳制品。包括生乳、巴氏杀菌乳、灭菌乳、调制乳、发酵乳，奶油、黄油、奶酪、炼乳等乳制品。

（5）蛋及其制品。包括鲜蛋、皮蛋、咸蛋、蛋液、蛋壳、蛋黄酱等蛋源产品。

（6）燕窝。经商业无菌处理的罐头装燕窝除外。

（7）油脂类，皮张，原毛类，蹄（爪）、骨、牙、角类及其制品。经加工处理且无血污、肌肉和脂肪等的蛋壳类、蹄（爪）骨角类、贝壳类、甲壳类等工艺品除外。

（8）动物源性饲料、动物源性中药材、动物源性肥料。

2. 植物及植物产品类

（1）新鲜水果、蔬菜。

（2）鲜切花。

（3）烟叶。

（4）种子、种苗及其他具有繁殖能力的植物、植物产品及材料。

3. 其他检疫物类

（1）菌种、毒种、寄生虫等动植物病原体，害虫及其他有害生物，兽用生物制品，细胞、器官组织、血液及其制品等生物材料及其他高风险生物因子。

（2）动物尸体、动物标本、动物源性废弃物。

（3）土壤及有机栽培介质。

（4）转基因生物材料。

（5）国家禁止进境的其他动植物、动植物产品和其他检疫物。

案例分享

进口商品不适用跨境电商模式

【案情简介】

某年4月至6月期间，当事人以保税电商监管方式向海关申报进口3票电扇，申报商品编码均为8414599091，申报数量合计1 650台，其中1 608台通过海关跨境电子商务平台进行了销售。经查，发现上述电扇不属于跨境电子商务零售进口正面清单内商品，应归入商品编码8414519200项下。当事人进口货物，商品编码申报不实，影响国家税款征收。经计核，上述1 608台电扇的价值共计人民币131.85万元，漏缴应纳税款共计人民币102 447.9元。

【案例分析】

当事人申报进口的电扇，申报税号为8414599091，“零售进口商品清单”中对应的货品名称为“其他扇，风机”，如果仅仅从货品名称来看，进口的电扇和货品名称基本一致，看不出什么问题，但是结合税则号列来看，就有分析的必要了。根据《中华人民共和国进出口税则》，税则号列8414599091的货品是指电动机输出功率超过125瓦的台扇、落地扇、壁扇，而未超过125瓦的落地扇，应归入税则号列8414519200。当时8414519200未列入“零售进口商品清单”，换言之，电动机功率不超过125瓦的落地扇不是“零售进口商品清单”货品范围。本案中，正因为进口货品并非清单内商品，当然不能按照跨境电商监管方式进口，一般应当按照一般贸易方式进口，全额缴纳关税和增值税，而当事人以跨境电商监管方式申报进口，显然错误地享受了优惠税率，此时当事人除了需要补缴相应税款之外，还可能面临行政处罚。

资料来源：杨杰，王涵．跨境电商零售进口商品走私案例分析．(2019-02-15) [2024-08-10]. https://www.thepaper.cn/newsDetail_forward_2995491.

【案例启示】

在关务工作中，首先，关务人员要树立法律法规意识，不可知法犯法。关务人员如果知道进口货物不在跨境电商“正面清单”范围内仍以跨境电商方式申报进口，就属于知法犯法的性质，必然会受到惩罚。其次，关务人员要时刻保持严谨细致的工作作风，认真学习跨境电商货物的海关监管政策，核实货物是否在跨境电商“正面清单”范围内，做到如实、合规申报。

三、报关业务准备

（一）签订委托报关协议

跨境电商零售进/出口业务的9610模式需要向海关申报交易单、支付单/收款单、运单、跨境电子商务零售进出口商品申报清单。电商企业如果自己不办理数据申报业务，则需要委托一家拥有数据传输 ID 的外贸综合服务企业代理申报跨境数据。

跨境电商零售进/出口业务的 1210/1239 模式在不同阶段分别向海关申报报关单和跨境电商数据，跨境电商企业一般委托特殊监管区域或保税物流中心（B 型）的仓储企业（兼营保税仓库和报关等业务）代理申报。

跨境电商 B2B 出口业务的 9710/9810 模式的报关包括“清单模式”（单笔金额不超过 5 000元且商品不涉证、不涉检、不涉税）和“报关单模式”两种，其中“清单模式”的跨境数据申报参照跨境出口的 9610 模式办理，“报关单模式”除申报跨境数据外，还要按一般贸易模式申报报关单。无论哪种模式，跨境电商企业一般要委托报关企业进行代理报关。

报关企业在代理委托企业向海关申报进出口货物时，需要向海关提交电子委托报关协议或纸质委托报关协议。若是以前没有签订过代理报关协议，委托人（也称经营单位、境内收发货人）需要与被委托方（也称报关企业、申报单位）签订委托报关协议。委托报关协议明确规定了委托事项的内容，也是双方权利与义务的书面凭证，万一将来在报关业务中出现处罚或纠纷，可以根据委托协议结合实际情况确定责任归属。

代理报关委托有两种形式：纸质委托和电子委托。二者的法律效力相同。

纸质委托是指双方签订一份纸质委托报关协议（见表 1－16）。纸质委托报关协议正面包括“代理报关委托书”和“委托报关协议”的内容，背面是委托报关协议通用条款。

如果是办理电子委托报关协议，那么代理报关的委托方、被委托方都可以在中国国际贸易单一窗口的“电子代理报关委托”应用模块中发起委托申请，由另外一方进行确认操作，电子委托报关协议的内容与纸质委托报关协议相同。

表 1－16　纸质委托报关协议

代 理 报 关 委 托 书 编号：______________ ______________： 我单位现 ________（A. 逐票　B. 长期）委托贵公司代理________等通关事宜。（A. 填单申报　B. 申请、联系和配合实施检验检疫　C. 辅助查验　D. 代缴税款　E. 设立手册（账册）　F. 核销手册（账册）　G. 领取海关相关单证　H. 其他）详见“委托报关协议”。 我单位保证遵守海关有关法律、法规、规章，保证所提供的情况真实、完整，单货相符，无侵犯他人知识产权的行为，否则，愿承担相关法律责任。 本委托书有效期自签字之日起至　　　年　　月　　日止。 委托方（盖章）： 法定代表人或其授权签署“代理报关委托书”的人（签字） 年　月　日

委托报关协议

为明确委托报关具体事项和各自责任，双方经平等协商签订协议如下：

委托方	
主要货物名称	
HS编码	
进/出口日期	年　月　日
提（运）单号	
贸易方式	
数（重）量	
包装情况	
原产地/货源地	
其他要求：	
背面所列通用条款是本协议不可分割的一部分，对本协议的签署构成了对背面通用条款的同意。	
委托方业务签章： 经办人签字： 联系电话：　　年　月　日	

被委托方		
*报关单编码	No.	
收到单证日期	年　月　日	
收到单证情况	合同□	发票□
	装箱清单□	提（运）单□
	加工贸易手册□	许可证件□
	其他：	
报关收费	人民币：　　元	
承诺说明：		
背面所列通用条款是本协议不可分割的一部分，对本协议的签署构成了对背面通用条款的同意。		
被委托方业务签章： 报关人员签字： 联系电话：　　年　月　日		

委托报关协议通用条款（委托报关协议的背面）

委托方责任

委托方应及时提供报关报检所需的全部单证，并对单证的真实性、准确性和完整性负责。

委托方负责在报关企业办结海关手续后，及时、履约支付代理报关费用，支付垫支费用，以及因委托方责任产生的滞报金、滞纳金和海关等执法单位依法处以的各种罚款。

负责按照海关要求将货物运抵指定场所。

负责与被委托方报关员一同协助海关进行查验，回答海关的询问，配合相关调查，并承担产生的相关费用。

在被委托方无法做到报关前提取货样的情况下，承担单货相符的责任。

被委托方责任

负责解答委托方有关向海关申报的疑问。

负责对委托方提供的货物情况和单证的真实性、完整性进行“合理审查”，审查内容包括：（一）证明进出口货物实际情况的资料，包括进出口货物的品名、规格、用途、产地、贸易方式等；（二）有关进出口货物的合同、发票、运输单据、装箱单等商业单据；（三）进出口所需的许可证件及随附单证；（四）海关要求的加工贸易（纸质或电子数据的）及其他进出口单证。

由于确定货物的品名、归类等原因，经海关批准，可以看货或提取货样。

在接到委托方交付齐备的随附单证后，负责依据委托方提供的单证，按照《中华人民共和国海关进出口报关单填制规范》认真填制报关单，承担“单单相符”的责任，在海关规定和本委托报关协议中约定的时间内报关，办理海关手续。

负责及时通知委托方共同协助海关进行查验，并配合海关开展相关调查。

负责支付因报关企业的责任给委托方造成的直接经济损失，以及所产生的滞报金、滞纳金和海关等执法单位依法处以的各种罚款。

负责在本委托书约定的时间内将办结海关手续的有关委托内容的单证、文件交还委托方或其指定的人员（详见“委托报关协议”“其他要求”栏）。

赔偿原则 被委托方不承担因不可抗力给委托方造成损失的责任。因其他过失造成的损失，由双方自行约定或按国家有关法律法规的规定办理。由此造成的风险，委托方可以以投保方式自行规避。

不承担的责任 签约双方各自不承担因另外一方原因造成的直接经济损失，以及滞报金、滞纳金和相关罚款。

收费原则 一般货物报关收费原则上按当地报关行业收费指导价格规定执行。特殊商品可由双方另行商定。

法律强制 本“委托报关协议”的任一条款与《海关法》及有关法律、法规不一致时，应以法律、法规为准。但不影响“委托报关协议”其他条款的有效性。

协商解决事项 变更、中止本协议或双方发生争议时，按照《中华人民共和国民法典》有关规定及程序处理。因签约双方以外的原因产生的问题或报关业务需要修改协议条款，应协商订立补充协议。

（二）跨境进口业务办理税款担保

跨境电商零售进口业务中，消费者为跨境电商商品的纳税义务人，而电商平台企业、物流企业或申报企业作为税款的代收代缴义务人，在开展业务前以保证金或保函方式向海关提交足额有效的税款担保，并在跨境电子商务零售进境商品信息化系统中录入担保信息，由海关予以确认。

操作示范

一、分析该公司适合的跨境电商通关模式

杭州 XX 网络科技有限公司从境外采购商品，进口后通过跨境电商平台销售给国内消费者，因此这属于跨境电商 B2C 进口业务。

跨境电商 B2C 进口业务有 1210 和 9610 两种模式。杭州 XX 网络科技有限公司从境外采购的货物先运抵国内的特殊区域的保税仓库储存，而不是直接进口，存入保税仓库后通过跨境电商平台销售，属于“先入境备货，后国内消费者下单”的情形，因此公司的跨境贸易适合采用 1210 进口模式，即保税备货模式。

二、分析该公司在开展跨境电商业务前要完成的准备工作

公司在开展跨境电商业务前要依次完成以下准备工作：

步骤一：园区管委会接洽。联系当地跨境电子商务综合试验区下属的某个跨境贸易电子商务产业园管委会进行跨境电商业务开展前的洽谈。

步骤二：海关注册登记。通过“单一窗口”标准版子系统“企业资质”办理“海关企业注册备案”，并向所在地海关提交报关单位情况登记表或跨境电商信息登记表，注册登记为进出口货物收发货人。

步骤三：IC卡申请。向中国电子口岸数据中心设在本地的数据分中心提出新入网（办理电子口岸IC卡）申请并递交材料。获得IC卡后，使用IC卡登录“单一窗口”，选择“海关注册信息变更”，根据业务类型勾选“跨境电子商务企业类型”并补全信息，完成跨境企业资质申请。

步骤四：数据传输ID申请。向本地的电子口岸数据分中心申请数据传输ID，提交指定的申请材料。

步骤五：跨境电商通关服务平台注册及申报主体备案。在本地的跨境电商通关服务平台上注册为企业用户，递交指定材料到本地电子口岸相关部门，审核通过后登录跨境电商通关服务平台完成申报主体备案，并开通相关业务操作的权限。

步骤六：接口改造与对接。公司在跨境电商业务中要向海关开放订单数据接口，因此要与技术支持单位联系完成接口改造与对接调试。数据传输ID申请完成后，接口改造与对接的工作可与跨境电商通关服务平台注册及申报主体备案同步进行。

三、制作一份进口商品备案表

公司进口的商品包括婴儿配方奶粉。以该商品为例，制作的商品备案明细表见表1-17和表1-18。

表1-17 国检商品备案明细表（样式）

序号	产品名称	HS编码	商品信息（品牌、组成成分、功能、用途、包装方式、生产商等）	规格型号	数量单位	原产国	贸易方式	条形码编号	备注（产品和条形码图片）
1	荷兰Nutrilon牛栏配方奶粉850g/罐	1901101090	品牌：牛栏。成分：蛋白质（8%）、碳水化合物（44%）、脂肪（46%）、膳食纤维（2%）。功能：婴幼儿食用。包装：850g/罐。生产商：荷兰达能。	1段850g/罐	罐	荷兰	备货	8711173001136	

表 1-18　海关商品备案明细表（样式）

序号	项号	HS编码	商品名称	料号名称	料号编码	申报单位	币制	原产国	申报要素
1		1901101090	牛栏奶粉	荷兰 Nutrilon 牛栏配方奶粉 1 段 850g/罐	543210012345	罐	人民币	荷兰	品牌：牛栏 Nutrilon。成分含量：蛋白质（8%）、碳水化合物（44%）、脂肪（46%）、膳食纤维（2%）。包装规格：850g/罐。功能：婴幼儿食用。生产商：荷兰达能。

能力训练

一、多项选择题

1. 当前海关的任务包括（　　）。

A. 出入境检验检疫管理　　B. 监督管理

C. 征收税费　　D. 制定贸易政策

2. 海关实施监督管理的对象包括所有进出境的（　　）。

A. 运输工具　　B. 货物

C. 行李物品　　D. 邮递物品

3. 通关一体化改革的主要标志是启用“两中心”、实施“三制度”，其中“两中心”是指（　　）。

A. 风险防控中心　　B. 检验检疫中心

C. 税收征管中心　　D. 通关管理中心

4. 通关一体化改革后，海关采用“一次申报、分步处置”的新型通关管理模式，主要含义包括（　　）。

A. 安全准入风险主要在货物放行后处置

B. 税收征管要素风险主要在口岸通关现场处置

C. 安全准入风险主要在口岸通关现场处置

D. 税收征管要素风险主要在货物放行后处置

5. “两步申报”模式下，海关的监管要求包括（　　）。

A. 企业将报关数据的发送分为两步：概要申报+完整申报

B. 企业概要申报后经海关同意即可提离货物

C. 企业提离货物后即可在境内使用或销售

D. 任何企业都可适用“两步申报”

6. 参与跨境电子商务业务的企业中，应当向海关办理注册登记的有（　　）。

A. 跨境电子商务企业　　B. 跨境电子商务平台企业

C. 物流企业　　D. 支付企业

7. 海关信用管理制度的内容包括（　　）。

A. 按照诚信守法便利、失信违法惩戒原则制定管理措施

B. 报关单位的海关信用等级分为高级认证企业、失信企业和其他企业三种

C. 认证企业适用相应的通关便利措施

D. 一般信用企业适用严密监管措施

8. 以下关于跨境电商业务和通关模式的说法中正确的是（　　）。

A. 从商品流动方向看，跨境电商业务包括出口和进口两个方向

B. 从业务类型看，跨境电商业务包括 B2C、B2B 和 C2C 三种类型

C. 跨境电商零售出口通关模式包括 9610 和 1210 两种，目前主要以 9610 为主

D. 跨境电商零售进口通关模式包括 9610 和 1210、1239 三种，目前主要以 9610 为主

9. 以下关于跨境电商业务的物流模式的说法中正确的是（　　）。

A. 9610 模式出口时，先报关放行出境，再国外消费者下单

B. 1210 模式出口时，商品先运进特殊区域，后国外消费者下单

C. 9610 模式进口时，先国内消费者下单，后国外发货入境

D. 1210 模式进口时，先入境备货，后国内消费者下单

10. 以下关于跨境电商业务监管规定的说法中正确的是（　　）。

A. 9610 模式下海关指定的监管作业场所按照快递类或邮递类海关监管作业场所规范设置

B. 1210 模式下货物必须在试点城市的特殊监管区域或保税物流中心（B 型）进行监管

C. 跨境电商业务进口或出口的商品范围均受“正面清单”限制

D. 跨境电商业务进口商品只要不是“负面清单”规定范围内的商品即可

11. 跨境电商 9610 模式进口与行邮模式进口的区别包括（　　）。

A. 行邮模式进口的商品无正面清单限制，而 9610 进口的商品要在正面清单范围内

B. 行邮模式进口的商品和 9610 模式进口的商品的单笔限额均为 5 000 元

C. 9610 模式进口的商品征收跨境电商税费且无免征额，行邮模式进口的商品征收行邮税且不超过 50 元时免征

D. 9610 模式进口的商品要申报“四单”信息，而行邮模式进口的商品无须申报“四

单”信息

12. 跨境电商 9710 与 9810 通关模式的共同点有（　　）。

A. 电商企业都需要进行海外仓备案

B. 都有清单申报、报关单申报两种申报模式

C. 都必须在试点关区内申报

D. 都需要申报订单或订仓单信息

13. 跨境电商 9710/9810 的清单申报模式与报关单申报模式的区别是（　　）。

A. 单票金额在 5 000 元及以下且不涉证、不涉检、不涉税的货物可以使用清单申报模式

B. 清单申报模式下的申报单证和流程参照 9610 出口业务

C. 报关单申报模式的货物必须单票金额在 5 000 元以上

D. 报关单申报模式下，海关审核数据时将报关单与订单/订仓单比对校验

14. 关于跨境电商数据申报的说法中，正确的是（　　）。

A. 参与跨境电子商务零售进口业务的跨境电商平台企业应当向海关开放支付相关原始数据，供海关验核

B. 清单申报的责任主体是电商企业或其代理人

C. 运单申报的责任主体是物流企业

D. 运抵单申报的责任主体是物流企业

15. 参与跨境电商业务的相关企业在开展业务前要完成的准备工作包括（　　）。

A. 与跨境贸易电子商务产业园管委会洽谈

B. 申请电子口岸 IC 卡

C. 申请数据传输 ID

D. 接口改造与对接

16. 以下关于中国电子口岸的说法中，正确的是（　　）。

A. 中国电子口岸是一个公共数据中心和数据交换平台

B. 将电子口岸 IC 卡插入读卡器并登录后才能在中国国际贸易单一窗口办理各项通关业务

C. 申请电子口岸 IC 卡应向本地的数据分中心提出新入网申请并递交材料

D. 一个企业只能申请一张电子口岸 IC 卡

17. 以下关于中国国际贸易单一窗口的说法中，正确的是（　　）。

A. 单一窗口分为中央标准版和地方版两个层级

B. 单一窗口由中国电子口岸数据中心负责运行维护

C. 必须有中国电子口岸 IC 卡才能登录单一窗口

D. 所有通关业务都在单一窗口上操作

18. 以下关于跨境电商业务的商品备案的说法中，正确的是(　　)。

A. 无论进口业务还是出口业务都需要办理商品备案

B. 商品备案的资料内容应根据主管海关的要求准备

C. 产品的料号与商品的 SKU 号是同一个内容

D. 备案的商品必须在“正面清单”内并且不在“负面清单”内

19. 以下关于跨境电商业务的海关监管方式的说法中，正确的是(　　)。

A. “9610”全称“跨境贸易电子商务”，简称“电子商务”

B. “9710”简称“跨境电商 B2B 直接出口”

C. “1210”全称“保税跨境贸易电子商务”，简称“跨境电商”

D. “9710”适用于跨境电商出口海外仓的货物

20. 参与跨境电商业务的企业包括(　　)。

A. 跨境电子商务企业　　　　B. 物流企业

C. 软件服务公司　　　　D. 跨境电子商务平台企业

二、操作题

1. 请查询以下公司的相关信息，并填写表 1－19。

表 1－19　公司相关信息

企业名称	统一社会信用代码	海关编码	海关信用等级
DHL 空运服务（上海）有限公司			
杭州阿里巴巴国际贸易有限公司			
上海欣海报关有限公司			

2. 查询 2019 版“正面清单”，写出下列 HS 编码对应的其他信息（见表 1－20）。

表 1－20　HS 编码对应的其他信息

HS 编码	商品名称	正面清单备注
3304990039		
6404110000		
9506911900		

三、案例分析题

A 公司向海关申报出口跨境电商货物一批。经查验，该批货物中有使用“Apple”标识充电头 100 个、触摸屏 20 个、手机壳 101 个、电池 1 092 个、“DELL”标识电池 10 个、“hp 及图形”标识电池 26 个、“aspire”标识电子烟 21 个，价值人民币 14 445 元。

商标权利人苹果公司（美国）、戴尔有限公司、惠普慧与集团有限责任公司、深圳易佳特科技有限公司认为上述货物属于侵犯其各自拥有的“Apple”“DELL”“hp 及图形”

“aspire”商标专用权的商品，并向海关提出采取知识产权保护措施的申请。海关经调查，认为当事人出口的上述货物上使用的商标与商标权利人注册的“Apple”“DELL”“hp及图形”“aspire”相同，且事先未经商标权利人许可。

请思考：

（1）A公司的行为是否侵犯他人商标专用权？

（2）根据《中华人民共和国海关行政处罚实施条例》，A公司可能会受到什么样的处罚？

（3）本案对跨境电商出口企业有何启示？

项目二
跨境电商进口通关流程

跨境电商零售进口业务适用的海关监管方式代码包括1210、1239、9610三种，以行邮、快件渠道入境的个人物品也属于广义上跨境电商零售进口的范畴，其中1210即“保税电商”模式（又称保税模式或备货模式）是跨境电商零售进口业务的主流模式。本项目以通关模式的类型为线索，依次介绍不同模式下的进口通关流程、业务特点以及涉及的业务单据。

学习目标

[知识目标]

1. 掌握1210模式进口的通关流程和常用业务单据的填写要点。
2. 掌握9610模式进口的通关流程。
3. 掌握行邮模式进口的通关流程。

[能力目标]

1. 能根据业务背景设计1210模式进口的通关流程，并填写相关的业务单据。
2. 能根据业务背景设计9610模式进口的通关流程。
3. 能根据业务背景设计行邮模式进口的通关流程。

[素养目标]

通过理论知识学习和操作技能训练，培养法规意识和学习意识，提升信息搜索能力和严谨细致的工作态度。

项目导入

杭州XX网络科技有限公司经营跨境电子商务进口业务，在2024年9月以保税备货模式从澳大利亚进口一批奶粉，用于电商平台销售。该公司委托杭州YY供应链管理有限公司（统一社会信用代码：913301YYYY3051224M）办理公司跨境贸易的通关业务。

项目任务：

（1）核实贸易单据。
（2）录入进口核注清单。
（3）录入进口货物报关单。
（4）录入进区核放单。
（5）申报电商清单。
（6）录入出口核注清单。
（7）录入出区核放单。

工作任务

任务一　跨境电商1210/1239模式进口通关流程

跨境电商B2C网购保税进口适用的海关监管方式有两种情况：试点城市适用的监管方式代码为1210（保税电商），非试点城市适用的监管方式代码为1239（保税电商A）。

它们的区别在于1239模式要执行跨境电子商务零售进口商品清单尾注中的一线准入许可监管要求，即执行有关商品首次进口许可批件、注册或备案要求，而1210模式则不需要，其他通关流程和监管政策区别不大。以下仅以1210模式为例介绍保税模式进口通关操作，流程如图2-1所示。

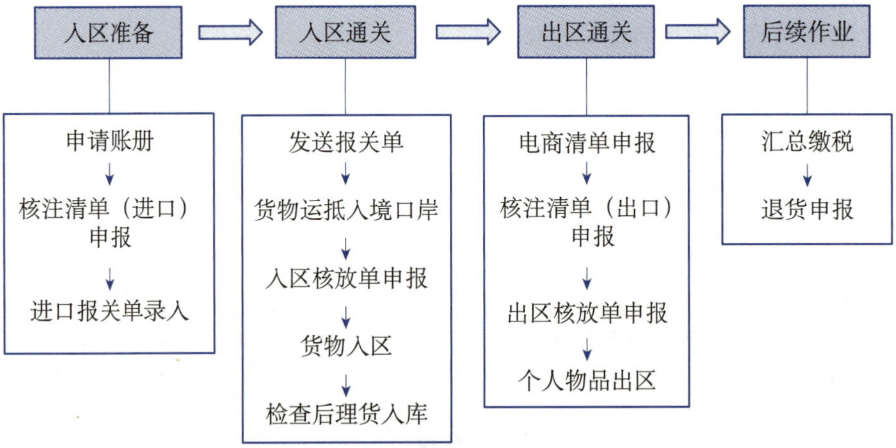

图2-1 跨境电商B2C保税模式进口通关流程

一、入区准备

以网购保税模式从事跨境电子商务零售进口业务的，应当在海关特殊监管区域或保税物流中心（B型）内开展。海关特殊监管区域包括出口加工区、保税物流园区、保税区、保税港区、综合保税区、跨境工业园区等类型。

在将货物运入特殊监管区之前，报关企业需要做好入区准备工作。

（一）申请账册

由于保税进口货物需要在海关特殊监管区域或保税物流中心（B型）存放一段时间，因此跨境电商企业需要申请特殊区域物流账册。海关通过对物流账册底账、核注清单、核放单等信息的管理来监控保税货物的流向。无论是传统贸易还是跨境电子商务，特殊区域内保税货物进出区的通关流程大体相同。

跨境电商委托的报关企业申请物流账册时，要登录单一窗口应用列表的“加贸保税”下的“海关特殊监管区域”（海关特殊监管区域内企业适用）（如图2-2所示）或“保税物流管理”（B型保税物流中心内企业适用）进行相关操作。以下以“海关特殊监管区域”为例介绍。

在“海关特殊监管区域”系统中，选择“数据录入”下的“物流账册”功能模块，可以实现物流账册的备案新增、修改、删除、查询、变更等功能（如图2-3所示），主要内容包括表头（物流账册企业基本信息）、表体和随附单据等数据，其中表头的“账册用

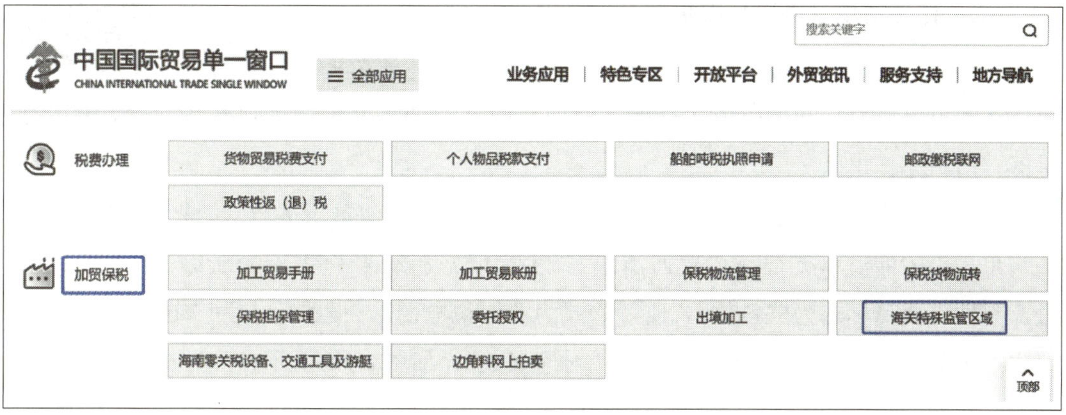

图 2-2　单一窗口海关特殊监管区域系统登录界面

途”应填写为“进口跨境电商”，表体信息暂时不用录入，待后续货物运入特殊监管区域后（核放单的状态为“已过二卡”）系统会自动返填。

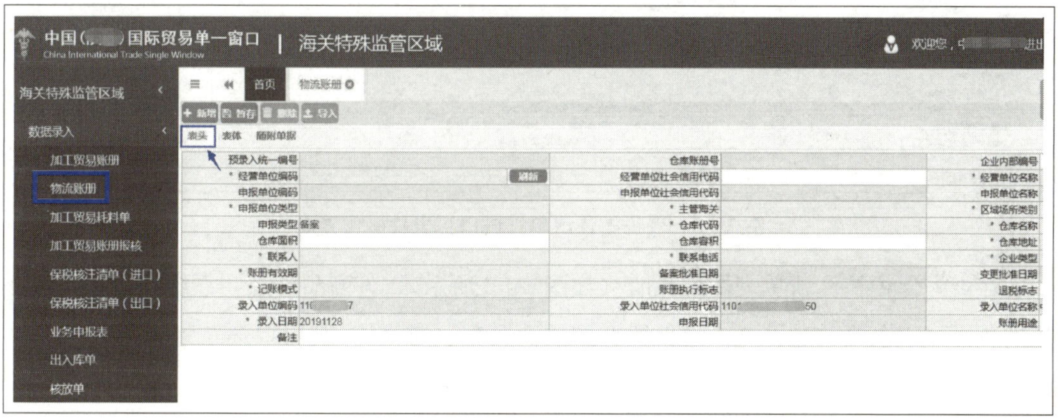

图 2-3　物流账册表头操作界面

报关企业按规定录入相关信息后提交海关，海关审核通过后完成物流账册设立，企业可查询到账册信息，包括自动生成的账册编号（特殊监管区域为 T 打头，B 型保税物流中心为 L 打头），如图 2-4 所示。由于这个账册是用来监控保税仓库货物进出情况的，因此这个账册编号可以理解为保税仓库账册编号。

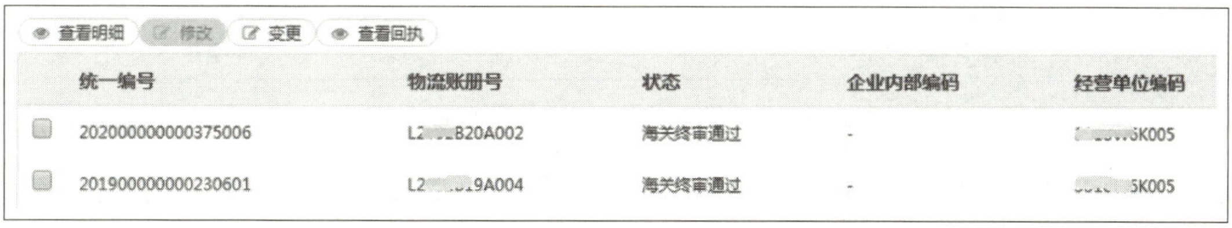

图 2-4　物流账册查询结果界面

（二）核注清单（进口）申报

在“海关特殊监管区域”系统中，可进行保税核注清单的操作，有保税核注清单（进口）和保税核注清单（出口）两种类型，这里的进口是指进区，出口是指出区。

核注清单样式及填制规范

在查询到进口舱单信息后，报关企业可录入保税核注清单（进口），核注清单表头中的清单类型是“普通清单”，手（账）册编号为物流账册编号，料件、成品标志为“料件”，监管方式为“保税电商”，报关标志为“报关”，是否系统生成报关单为“生成”，报关类型为“对应报关”，如图 2-5 所示。

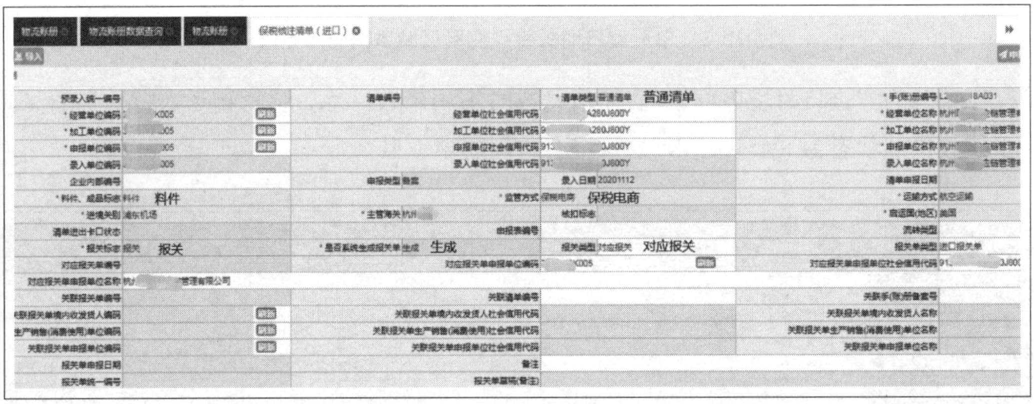

图 2-5　保税核注清单（进口）表头操作界面

在录入保税核注清单表体信息时（如图 2-6 所示），若商品已经在系统完成了底账数据的备案（以前报关过并进入过保税仓库的商品都已备案），则可以通过录入商品的备案序号（该商品在账册中的序号）自动带出商品的备案信息，报关人员补充交易数量、价格等其他信息后就可完成表体项的录入；若原先没有备案过该商品，则备案序号不填，需要逐项录入表体信息，也可以按模板导入信息。

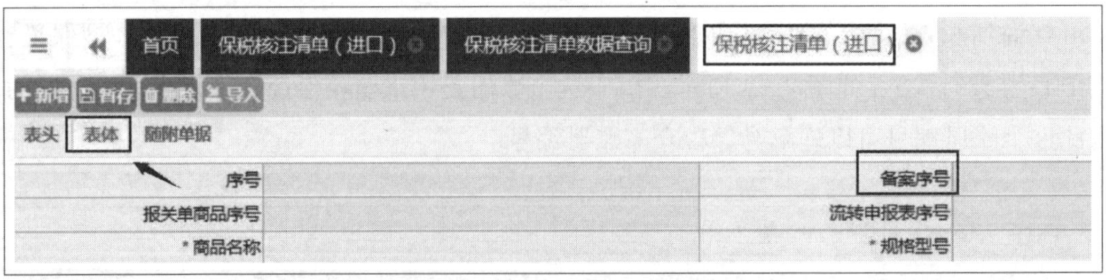

图 2-6　保税核注清单（进口）表体操作界面

核注清单申报成功后，可在“数据查询”功能模块查询到该核注清单的管理信息，系统生成 18 位核注清单编号（以 QD 打头，QD 是清单的拼音缩写），核注清单的数据状态为“预审批通过”，核扣标志为“预核扣”，如图 2-7 所示。

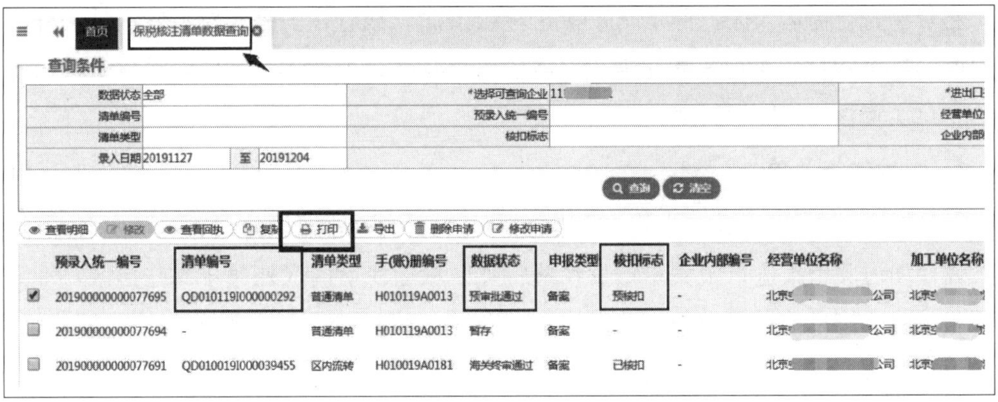

图 2-7　保税核注清单（进口）数据查询操作界面

（三）进口报关单录入

核注清单申报成功后，单一窗口会在核注清单中自动生成一份报关单草稿编号和报关单草稿表体内容，报关人员就可办理进口报关单录入的操作了。报关单申报前，在单一窗口“货物申报”系统中先按报关单草稿编号查询、调出该报关单草稿，将表头、表体信息补充后即可形成完整的报关单数据，然后保存报关单数据。

报关单也可在“货物申报”系统中的“进口报关单整合申报”或“进境备案清单整合申报”功能模块手工录入所有信息。

与一般贸易项下报关单内容相比，跨境电商 1210 模式货物入区的进口报关单录入需要注意以下几点内容：

（1）境内收货人、消费使用单位、申报单位可以是跨境电商企业，也可以是与其有业务代理协议的供应链企业或其他代理报关企业。

（2）备案号为账册编号。监管方式为保税电商。征免性质不用填写。征免为全免。

（3）境内目的地是存储进口保税货物的特殊区域，例如浙江杭州出口加工区（代码 33015）、杭州保税物流中心（代码 3316W）等。

（4）随附单证代码为核注清单的代码“a”，随附单证编号栏为对应的核注清单编号。

（5）备注栏要输入跨境电商的企业名称，注明“跨境电子商务”等。

二、入区通关

在货物运抵特殊监管区域以后，该批商品并未在电商平台出售，属于准备上架零售的货物，因此要暂时存放在园区内的保税仓库。在货物入库之前，报关企业还需要办理一线入区的通关手续。

我国对特殊区域（包括海关特殊监管区域和保税监管场所）进出货物的监管可概括为“双线监管＋账册管理”。双线即“一线”和“二线”，实行“一线放开”“二线管住”监管原则。“一线”是指特殊区域与境外之间，“二线”是指特殊区域与境内区外之间。“一线放开”是指特殊区域和境外之间的进出货物，允许特殊区域内企业凭进口舱单信息，将货物先行提运入区，再办理进境备案手续。“二线管住”是指对特殊区域和境内区外之间的进出货物，实行智能化卡口、电子信息联网管理模式，完善清单比对、账册管理、卡口实货核注的监管制度。

（一）发送报关单

跨境电商 1210 模式进口业务的物流分为两段：货物从境外运入特殊区域属于一线入区，需要向海关申报进口报关单；货物从特殊区域运往境内区外属于二线出区，不需要申报报关单。按目前监管政策，跨境电商货物一线入区既可以按通关一体化模式报关，也可以按转关模式报关。

1. 通关一体化模式报关

通关一体化模式下，一线入区货物的电子申报操作与一般贸易货物相同。报关单发送后，可在海关总署网站“我要查”等平台查询报关单回执状态，一般在“通关无纸化审结”后会进入“人工接单”，那么报关企业就需要按主管海关要求打印好“载货清单”等接单材料，并附报关单，前往接单窗口递交材料。在货物运抵一线口岸后，若无查验等海关处置，报关单会直接被海关放行。

2. 转关模式报关

跨境电商 B2C 网购保税进口货物可以按直转转关的模式报关，即从入境口岸转关到特殊区域进行报关，业务操作流程如图 2－8 所示。转关模式报关与通关一体化模式报关的区别在于转关的货物先进后报，一体化报关的货物先报后进。

转关模式下，企业向口岸海关申报转关单，类型为跨境电商，转关商品品名可以以总运单形式录入“跨境电子商务商品一批”。货物转关申报后、入区前，企业申报入区核放单（类型为卡口登记货物）先入区；入区后，现场海关按规定对转关单完成核销，场站公司完成理货后，企业申报核注清单（进口）、报关单、入区核放单（类型为一线一体化进出区），然后由现场海关对进区核放单做虚拟过卡，完成报关单结关、核注清单核扣。

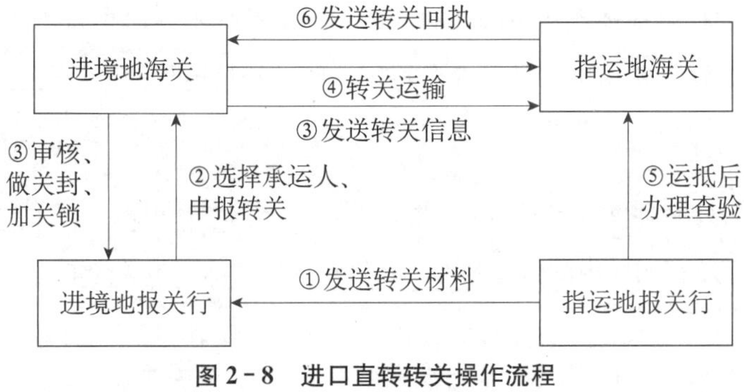

图 2－8　进口直转转关操作流程

（二）货物运抵入境口岸

国外供货商安排承运人将货物运抵我国境内，并向境内跨境电商企业寄来贸易业务单据，包括发票、装箱单、提单等。境内跨境电商企业准备好此批货物的明细单（见表 2－1），以便报关企业办理货物的进口报关和提货手续。

表 2－1　进口货物明细单

序号	项号	备案料号	商品编码	品名	规范申报	商品名称	申报数量	申报单位	净重（kg）	毛重（kg）	单价	总价	币制	原产国	EAN编码

（三）入区核放单申报

1. 单一窗口申报入区核放单

报关单放行以后，可以申报核放单。核放单是货物进出海关特殊监管区域要办理的卡口放行凭证。在单一窗口的“海关特殊监管区域”系统中，选择“数据录入”下的“核放单”功能模块，可进行核放单的新增、修改、删除、查询、暂存、申报、打印等操作，如图 2－9 所示。

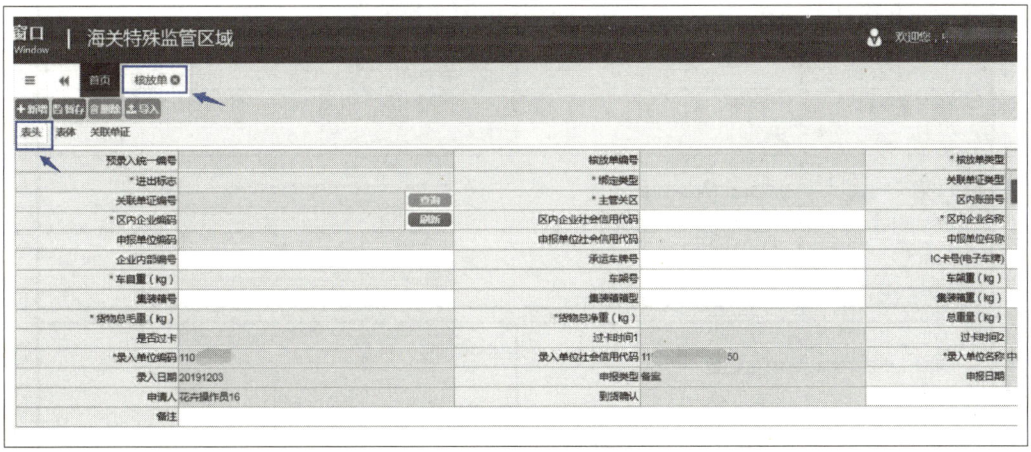

图 2－9　核放单录入操作界面

入区核放单表头的核放单类型为“一线一体化进出区”（转关模式下入区时核放单类型为“卡口登记货物”，报关后核放单类型为“一线一体化进出区”），进出标志为“入区”。

核放单表头的“绑定类型”是指监管运输车辆与车辆所载货物的对应情况，有一车一票、一车多票、一票多车三种情况。每个核放单只能录入一辆承运车辆信息，一票多车就要录入多个核放单。

核放单的表体信息通过“关联单证”输入关联的核注清单编号，系统会加载对应的表体信息。一车多票时需关联所有核注清单。一票多车时需关联同一核注清单。

2. 特殊区域辅助管理系统核放单重定向

单一窗口申报入区核放单完成后，报关人员还需要在本地特殊区域辅助管理系统做核放单重定向，其目的是将单一窗口的核放单链接到本地辅助管理系统，制作供本地特殊区域卡口放行验核的核放单。

货物入区时卡口要验核的“一线转入核放单”打印版如图 2-10 所示，核放单的业务类型为“一线转入”，进出卡口标志为“进区”，关联单证编号为入区核注清单的编号。

进区

已通过

一线转入核放单

Z[illegible]I20070100000000[illegible]

主管海关：[illegible]保税物流中心（B型）　　业务类型：一线转入　　进出卡口标志：进区

预录入统一编号	202000000020[illegible]	绑定类型	一车一票
企业内部编号	[illegible]	区内账册编号	
区内企业编码	3316[illegible]	区内企业名称	[illegible]有限公司
申报单位编码	331[illegible]	申报单位名称	[illegible]有限公司
录入单位编码	3316[illegible]	录入单位名称	[illegible]有限公司
货物总毛重(KG)	73	货物总净重(KG)	47.82
车自重(KG)	7,890	车架重(KG)	1
集装箱重(KG)		总重量(KG)	7,964
集装箱箱型		集装箱号	
承运车辆号牌	沪[illegible]466	申报时间	2020-07-01 09:37:02
申请人	[illegible]		
关联单证编号	QD[illegible]20I000000500		
备注			

兹申明以上申报无讹并承担法律责任 企业签章： 联系电话： 签名： 年　月　日 （盖章）	卡口验放： 签名： 年　月　日 （盖章） 海关签章： 签名： 年　月　日 （盖章）

图 2-10　一线转入核放单

（四）货物入区

海关特殊监管区域有两道卡口。在车辆进外卡前，完成进区核放单录入，其中需要录入车牌号。车辆至外卡口时，取 IC 卡，抬杆进外卡，至场站处做车（运输车辆）卡

（IC 卡）关联与车（运输车辆）单（核放单）关联。车辆行驶至内卡口时，需要校验核放单，有查验指令的车辆进查验区进行查验，无查验指令的车辆直接进内卡。

车辆通过内卡口（二卡）后，核放单状态转为“已过二卡”，触发报关单结关和核注清单核扣，对应的核注清单的数据状态转为“海关终审通过”，核扣标志转为“已核扣”，账册底账数据自动维护（第一次进口的商品会在账册中新增备案序号项，已有备案序号项的商品会直接核增该商品的底账数量）。

（五）检查后理货入库

1. 海关检查、舱单核销

货物进入特殊监管区域之后，司机将承运车辆停于场站前，报关企业联系区内的海关检查人员办理检查手续。海关检验检疫部门主要检查货物质量卫生、木质托盘是否有 IPPC 标识，以及集装箱是否有虫害等。如果木质包装没有 IPPC 标识，海关会要求货物熏蒸、销毁木质托盘。查验完成后，报关企业的陪同人员在查验记录单上签名，确认查验结果。

检查顺利完成后，报关企业找海关办理汽车载货登记簿（白卡）核销和舱单核销。舱单核销之后，报关企业可以登录海关网站进行状态查询，在理货状态栏显示为“正常理货”。

2. 场站理货、入库

查验货物之后，特殊监管区域的场站工作人员要进行理货操作，即先拆开每一个箱子，给每一件商品贴上条码标签，然后放入跨境保税仓库暂存。

三、出区通关

在进口货物保税入库完成之后，经营 1210 模式进口业务的跨境电商企业有两种经营业态：业态一是跨境电商企业自己将货物在电商平台上架销售（B2C），业态二是跨境电商企业（转出企业）将货物以保税区区间结转的方式（监管方式为保税间货物，代码为 1200）结转给另一家同样经营 1210 进口业务的电商企业（转入企业），由后者在跨境电商平台进行销售（B2B2C）。在办理保税区区间结转时，转入企业先申报进口核注清单，转出企业后申报出口核注清单，转出的核注清单需要关联转入的核注清单号，双方核注清单的监管方式都是“保税间货物”，清单类型都是“普通清单”，报关标志都是“非报关”，海关系统核对双方核注清单数据一致即可放行，双方无须申报报关单。结转完成后，转入企业就按业态一的经营方式（B2C）操作。以下介绍第一种业态（B2C）的出区通关操作。

（一）电商清单申报

1. 电商“三单”申报

在消费者个人购买了物品之后，电商平台将自动获得消费者个人身份信息，并记录个人订单信息（见表 2-2）。消费者个人下单以后，物流企业收到了货物寄送的运单信息（见表 2-3），支付企业收到了该订单的支付单信息（见表 2-4），这些信息分别由电商企业、物流企业、支付企业通过与海关系统对接好的申报系统发送到海关系统，经海关系统“三单对碰”审核通过后发回成功入库的回执。

表 2-2 单一窗口系统中的订单信息（跨境零售进口）

订单详细信息							
订单编号		修改标识		业务状态		入库时间	
电商平台代码		电商平台名称		电商企业代码		电商企业名称	
支付企业代码		支付企业名称		交易号		订购人姓名	
订购人证件类型		订购人证件号码		收货人姓名		收货人电话	
收货人地址		收货人行政区域代码		商品批次号		货款金额	
运杂费		优惠减免金额		订单商品税款		实际支付金额	
币制		进/出口		订购人交易平台注册号		备注	
订单表体信息							
商品序号		企业商品货号		企业商品名称		条码	
单位		数量		单价		总价	
币制		原产国		商品描述		备注	

表 2-3 单一窗口系统中的运单信息（跨境零售进口）

物流运单详细信息							
物流运单编号		修改标识		业务状态		入库时间	
物流企业代码		物流企业名称		运费		保价费	
币制		毛重		件数		提运单号	
收货人姓名		收货人地址		收货人电话		主要货物信息	
备注							

表 2-4 单一窗口系统中的支付单信息（跨境零售进口）

支付单详细信息							
支付单编号		修改标识		业务状态		入库时间	
电商平台代码		电商平台名称		支付企业代码		支付企业名称	
订单编号		支付金额		支付人		支付人证件类型	
支付人证件号码		支付人电话		支付时间		币制	
备注							

2. 清单申报

1210/1239 通关模式下跨境电商企业可以通过企业申报系统自行申报清单信息，也可以委托报关行代理报关。报关行可登录单一窗口的“跨境电商”系统的“跨境电商进口”下“清单管理”功能模块，在“待申报清单查询”界面可查询到清单数据，然后申报电商清单，如图 2-11 所示。跨境电子商务零售进口商品申报清单的打印版样式见表 2-5。

图 2－11　电商清单操作界面

表 2－5　中华人民共和国海关跨境电子商务零售进口商品申报清单

清单详细信息

预录入编号		海关清单编号		申报类型		业务状态	
企业内部编号		申报口岸		进口口岸		入库时间	
电商企业代码		电商企业名称		电商平台代码		电商平台名称	
物流企业代码		物流企业名称		物流运单编号		订单编号	
区内企业代码		区内企业名称		账册编号		监管场所代码	
订购人		订购人证件类型	身份证	订购人证件号码		订购人电话	
启运国（地区）		许可证号		收货人地址			
运输方式		运输工具编号		航班航次号		提运单号	
运费		保费		币制		担保企业编号	
包装种类		件数		净重（kg）		毛重（kg）	
贸易方式		核注状态		备注			

清单表体信息

商品序号		企业商品名称		商品编码		规格型号	
商品货号		商品名称		条码		原产国（地区）	
贸易国（地区）		数量		计量单位		法定数量	
法定计量单位		第二法定数量		第二计量单位		单价	
总价		币制		账册备案料号		备注	

海关跨境电商进口统一版系统对申报清单的账册编号、备案序号等信息进行校验，校验通过后放行清单，校验不通过的做退单处理。

（二）核注清单（出口）申报

海关放行电商清单后，报关企业可在单一窗口的“海关特殊监管区域”系统申报保税核注清单（出口）。核注清单类型为“保税电商”，监管方式为“保税间货物”，运输方式为“其他运输”，报关标志为“非报关”。

在“清单类型”栏目录入“保税电商”后，系统弹出录入表体信息的录入方式，一般选择“联网查询”，如图 2－12 所示，也可选择“手工录入”。在“联网查询”方式下，单击“随附电商单”“快速查询”菜单，选择要关联的电商清单编号，系统自动获取合并后的电商清单表体信息。

图 2－12　保税核注清单（出口）表头操作界面

出区的核注清单向海关申报成功后，由于后续不需要报关，因此核注清单的数据状态直接为“海关终审通过”，核扣标志为“已核扣”。

出区核注清单与入区核注清单的表头填制异同见表 2－6。

表 2－6　出区核注清单与入区核注清单的表头填制异同

核注清单栏目	入区核注清单	出区核注清单
手（账）册编号	物流账册编号	
料件成品标志	料件	
清单类型	普通清单	保税电商
进出境关别	进境关别（填写入境口岸海关）	出境关别（填写特殊区域海关）
国家（地区）	启运国（地区）（按实际填写）	运抵国（地区）（填写中国）
监管方式	保税电商	保税间货物
运输方式	（按实际填写）	其他运输
报关标志	报关	非报关

（三）出区核放单申报

核注清单申报通过后，报关企业可以在单一窗口申报出区核放单。核放单表头的核放单类型为“二线进出区”，进出标志为“出区”，绑定类型有一车一票、一车多票、多车一票三种情况。将核放单关联核注清单（出口），向海关申报成功后，核放单数据状态为“海关终审通过”，货物就可以出区。

单一窗口申报出区核放单完成后，报关人员也需要在本地特殊区域辅助管理系统做核放单重定向，完成后可打印货物出区时卡口要验核的“保税电商核放单”，核放单的业务类型为“保税电商”，进出卡口标志为“出区”，关联单证编号为出区核注清单的编号。

（四）个人物品出区

海关放行电商清单后，仓库工作人员首先就可根据订单信息将售出的商品分别打包，并在包装上贴上国内物流面单准备派送，然后办理车单关联，通知载货车辆出区。货物出区后，系统自动扣减账册底账库存。

根据海关设定的查验率，物品出区前海关监管系统随机抽取一些包裹进行查验。在通过 X 光机时，海关会比对商品内容、数量等信息。如果机检正常则会安排自动放行，如果机检异常则会安排对相应的包裹进行下线查验处理，根据查验结果进行相应的处置。

四、后续作业

（一）汇总缴税

物流企业完成个人物品派送后，由消费者签收包裹，然后进入汇总缴税环节。

根据海关总署公告 2018 年第 194 号（《关于跨境电子商务零售进出口商品有关监管事宜的公告》），对跨境电子商务零售进口商品，海关按照国家关于跨境电子商务零售进口税收政策征收关税和进口环节增值税、消费税，消费者（订购人）为纳税义务人，跨境电子商务平台企业、物流企业或申报企业作为税款的代收代缴义务人，代为履行纳税义务，并承担相应的补税义务及相关法律责任。海关放行后 30 日内未发生退货或修撤单的，代收代缴义务人在放行后第 31 日至第 45 日内向海关办理纳税手续。

税款的代收代缴义务人可以在单一窗口查询税单和缴款书。每个电商清单会产生一个电子税单，某一时间段的多个电子税单归并成一个缴款书。代收代缴义务人根据缴款书金额向海关汇总缴纳跨境电商进口税。

（二）退货申报

退货申报不是必需的操作。如果跨境电子商务零售进口商品有国内消费者退货的，可以按照海关总署公告 2020 年第 45 号（《关于跨境电子商务零售进口商品退货有关监管事宜的公告》）的要求办理退货申报。

跨境电子商务企业及其境内代理人应保证退货商品为原跨境电商零售进口商品，并承担相关法律责任。退货企业在电商清单放行之日起 30 日内申请退货，并在电商清单放行之日起 45 日内将退货商品运抵原海关监管作业场所、原海关特殊监管区域或保税物流中心（B 型）的，相应税款不予征收，并调整消费者个人年度交易累计金额。

任务二　跨境电商 9610 模式进口通关流程

跨境电商 B2C 直购进口模式的海关监管方式代码是 9610，其通关流程与跨境电商 B2C 一般出口业务大体相同，只是物流方向相反，如图 2－13 所示。需要注意的是，跨境电商 B2C 直购进口模式不是跨境电商零售进口业务的主流模式。

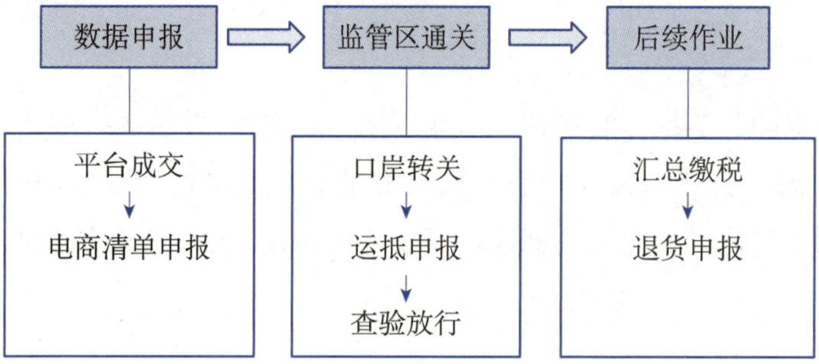

图 2－13　跨境电商直购进口模式通关流程

一、数据申报

（一）平台成交

经营跨境电商零售直购进口模式的跨境电商企业在完成企业备案和商品备案后，将商品在电商平台上架销售，国内消费者浏览电商平台的产品后，对自己看中的商品即可下单（完成个人注册提供身份信息后）。根据现行政策，跨境电子商务年度个人总消费额度为26 000元，个人可以在“互联网＋海关”网站查询自己的可用额度。登录海关总署网站的“我要查”，然后选择“跨境年度个人额度查询”，注册、登录系统后可以查询自己的个人额度，如图 2－14 所示。

国内消费者在跨境电商平台购买商品后形成个人物品订单，然后跨境电商企业的海外分拨中心或海外仓以国际邮包或国际快件的方式从国外集中发往国内海关跨境电商监管场所，再从监管场所以快递方式发往境内消费者。

（二）电商清单申报

消费者在电商平台完成电子交易后，形成交易订单、运单、支付单信息，由电商企业/

图 2-14　跨境电子商务年度个人额度查询

电商平台向海关发送订单数据，由物流企业向海关发送运单数据，由支付企业向海关发送支付单数据。海关跨境进口统一版系统接收三单数据后由电商企业/代理申报企业在跨境电商企业申报端系统向海关申报清单。海关管理系统自动进行“三单对碰”，并检查申报单的逻辑关系，核对企业、商品、个人的备案情况。

此外，企业还需要在运抵前向跨境园区的场站公司发送跨境直购商品物流信息，包括航班信息、提运单号、运载车辆、物流运单编号等，以便场站公司做好货物入区准备。

二、监管区通关

（一）口岸转关

直购进口模式的个人物品一般都是航空运输，在运抵我国入境口岸以后，需要在口岸办理转关手续，将物品运输到海关特殊监管区域或保税物流中心（B型）后再办理通关手续。

办理口岸转关时，需要准备的单证包括：跨境电子商务空转陆联系单（一式两联，样式见表2-7）、航空提单正本和复印件（复印件两份）、物品清单（一份，样式见表2-8）、汽车载货登记簿（白卡）（正本）。

表 2-7　跨境电子商务空转陆联系单

封志号：____________　　　　编号：__________第____页

序号	运单号	件数	重量	预录入号	关锁号
启运地海关盖章 签字： 日期：		目的地海关盖章 签字： 日期：		物流承运人盖章 签字： 日期：	

表 2-8 物品清单

序号	航班号	总运单号	客户订单号	物流单号	品名	数量	收件人	省	市	详细地址	购买人身份证号

海关在系统内对舱单进行核注，并生成转关单号和预录入号；同时在空转陆联系单上批注转关单号，在汽车载货登记簿（白卡）、空转陆联系单上签字并盖验讫章，在正本提单上盖转关章。

转关审核完成后，武警现场清点货物（无须查验的直接加封关锁），在机场海关加封关锁，由转出地（机场海关）签发关封。转关车辆在口岸海关加封海关关锁后开至目的地跨境监管场所进行卸车、清关。

（二）运抵申报

直购商品运抵目的地跨境监管场所（特殊监管区域、保税物流中心（B 型）、跨境园区等）之后，园区场站公司要向海关申报运抵信息，海关系统将运抵信息与电商清单数据进行核对。如果监管场所是封闭管理的特殊监管区域、保税物流中心（B 型），那么货物在进入监管区卡口前要申报特殊区域核放单。

（三）查验放行

园区海关在受理申报后，凭转关资料对进入园区的监管货物进行拆解关锁，并在海关系统内，对已申报运单、订单数据进行审核。在特殊区域指定监管场所将直购入境的个人物品在线过 X 光机，海关通过同屏比对，由现场报关人员协助对货物进行抽查。流水线检查没有问题后海关放行货物。如果海关对货物有布控查验处置，那么海关会对货物实施查验，查验完成后无异常则放行货物，有异常则按海关规定处理。

如果监管场所是封闭管理的特殊监管区域、保税物流中心（B 型），那么货物在运离监管区域前也要申报特殊区域核放单。货物运出跨境监管场所之后，由快递公司按国内派送流程将物品送达国内消费者。

三、后续作业

（一）汇总缴税

以 9610 模式进口的在跨境电商平台上购买的商品也需要缴纳跨境电商进口税，相关手续与 1210 模式相同。

（二）退货申报

9610 模式的退货申报与 1210 模式相同。

案例分享

通过跨境电商零售进口方式从事二次销售

【案情简介】

某公司于某年1月至4月间，在开展跨境贸易电子商务的过程中，为牟取非法利益，决定利用事先获得的公民个人信息，采取指使公司员工虚构交易订单的方式，以跨境贸易电子商务的名义申报进口纸尿裤等货物，再批量销售给他人。经海关核定，被告单位采取上述方式走私进口货物9票，偷逃税款共计1 280 675.19元。法院一审判决认定该公司的行为构成走私普通货物，依法均应予以惩处。

【案例分析】

根据商务部、发展改革委、财政部、海关总署、税务总局、市场监管总局《关于完善跨境电子商务零售进口监管有关工作的通知》（商财发〔2018〕486号），消费者（订购人）对于已购买的以保税模式或直购模式申报的跨境电子商务零售进口商品不得再次销售。

从上述案情来看，当事人是进口货物后先在境内囤货，然后再销售给他人的模式。当事人实际上属于批发商，当然不可能是进口商品的最终消费者，但是当事人却利用跨境电商监管方式，虚构订单，套取出跨境电商进口商品，再批量销售给他人，属于明令禁止的“二次销售”行为，当事人存在故意逃避海关监管并进行非法牟利的情节。而选择以跨境电商监管方式代替一般贸易进口，就会存在进口商品的税差，即偷逃进口货物的税款，在数量达到法定金额时，即构成走私普通货物罪。

资料来源：杨杰，王涵. 跨境电商零售进口商品走私案例分析.（2019－02－15）［2024－08－15］. https://www.thepaper.cn/newsDetail_forward_2995491.

【案例启示】

经营跨境贸易的企业或个人，都应当了解国家的跨境贸易管理政策，做到守法合规。跨境电商监管方式下，收货人可以享受税收及贸易管制的优惠。企业或个人如果缺少法律意识和风险意识，明明应该是按照货物贸易进口的货物，假借跨境电商监管方式进口，则可能涉及偷逃进口税款和逃避贸易管制的走私违规，面临被海关处罚甚至构成犯罪的风险。企业或个人都应当遵守相关法律法规和社会道德规范，远离任何非法活动。

任务三　跨境电商行邮模式进口通关流程

一、跨境电商行邮模式进口的监管政策

（一）行邮模式的含义及适用范围

行邮模式即个人物品清关模式。有些跨境电商的货物对应的HS编码不在正面清单

内，不能按跨境 B2C 的模式进口，但可以走个人物品清关的模式入境，前提条件是要满足个人物品的要求。

跨境电商行邮模式（C2C 模式）是以个人名义清关，比较适合个人买家、海淘卖家、代购群体和转运公司。而跨境 B2C 直邮清关方式需要向海关传输“四单”数据，更适合于中小电商平台以及入驻国内电商平台的卖家。

需要注意的是，2020 年起海关试行“数字清关”模式，个人物品也可以通过“数字清关”模式申报进境。

eWTP 数字清关

（二）“个人物品”的满足条件

《海关法》第四十六条规定：“个人携带进出境的行李物品、邮寄进出境的物品，应当以自用、合理数量为限，并接受海关监管。”因此，个人“物品”需要满足两个条件：一是“自用”（既包括自己使用，也包括赠送亲戚朋友），二是“合理数量”。两个条件缺一不可，否则不能以“个人物品”形式申报进出境。

（三）禁止性或限制性邮寄或携带个人物品的范围

无论是对于货物还是物品，我国都颁布了相应的禁止性和限制性的规定。1993 年 2 月 26 日，海关总署发布了《中华人民共和国禁止进出境物品表》和《中华人民共和国限制进出境物品表》（海关总署令第 43 号）；2013 年 8 月 16 日，海关总署发布了《关于〈中华人民共和国禁止进出境物品表〉和〈中华人民共和国限制进出境物品表〉有关问题解释的公告》（海关总署公告 2013 年第 46 号），对禁止进出境物品和限制进出境物品进行了列举性规定。其中，对于危害国家及人民生命安全的一律禁止进出境，对于受国家保护的珍贵文物、濒危、珍贵动植物禁止出境。另外，烟酒限制进境，金银等贵重金属及其制品、外币、一般文物限制出境，国家货币限制进出境。

此外，个人或企业要遵守《中华人民共和国禁止携带、寄递进境的动植物及其产品和其他检疫物名录》的规定，跨境电商 C2C 模式进口的“个人物品”均不得涉及名录（“负面清单”）内的商品。

（四）个人物品携带入境限额

根据海关总署公告 2010 年第 54 号（《关于进境旅客所携行李物品验放标准有关事宜》），进境居民旅客携带在境外获取的个人自用进境物品总值在 5 000 元人民币以内（含 5 000 元）的、非居民旅客携带拟留在中国境内的个人自用进境物品总值在 2 000 元人民币以内（含 2 000 元）的，海关予以免税放行，单一品种限自用、合理数量，但烟草制品、酒精制品以及国家规定应当征税的 20 种商品等另按有关规定办理。

烟草制品、酒精制品携带入境限额：香烟限 400 支，雪茄限 100 支，烟丝限 500 克；12 度以上酒精饮料限 2 瓶或 1 500 毫升。

如果携带的行李物品超出限额，则物品携带人应主动向海关申报，海关仅对超出部分的个人自用进境物品征收行邮税，对不可分割的单件物品全额征税。对于携带超过规定数量物品进境且未向海关申报的行为，海关依法予以行政处罚。

（五）个人物品邮递入境限额

根据海关总署公告2010年第43号（《关于调整进出境个人邮递物品管理措施有关事宜》），个人邮寄进境物品，海关依法征收进口税，但应征进口税税额在人民币50元（含50元）以下的，海关予以免征。个人寄自或寄往港、澳、台地区的物品，每次限值为800元人民币；寄自或寄往其他国家和地区的物品，每次限值为1 000元人民币。个人邮寄进境物品超出规定限值的，应办理退运手续或者按照货物规定办理通关手续。但邮包内仅有一件物品且不可分割的，虽超出规定限值，经海关审核确属个人自用的，可以按照个人物品规定办理通关手续。

二、跨境电商行邮模式通关流程

（一）邮政渠道个人物品通关流程

根据海关总署网站的“办事指南”，进境邮递物品海关监管业务流程如图2－15所示。

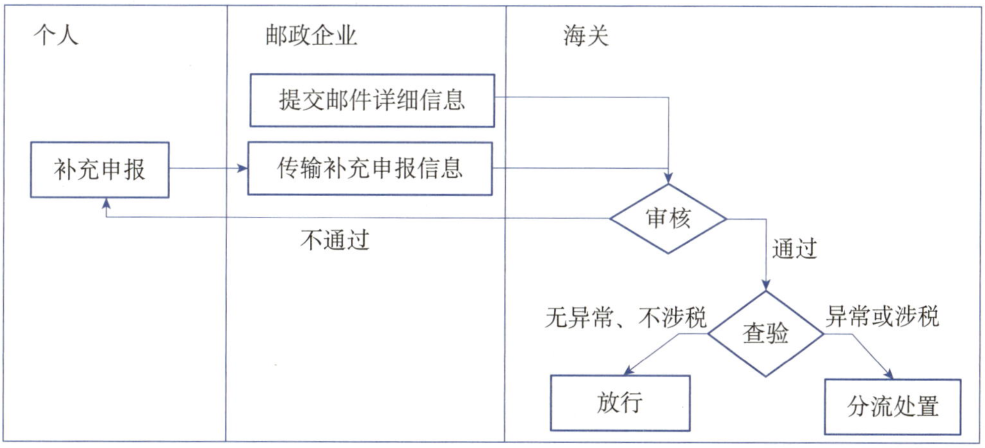

图2－15 进境邮递物品海关监管业务流程

1. 申报邮件信息

邮政企业开拆邮袋后向海关提交邮件详细信息，已提前预申报邮件详细信息的除外。

2. 海关审核邮件信息

海关对邮件申报信息进行审核，分为系统自动审核和人工审核。

3. 海关查验、放行

海关在邮递物品监管现场通过现场巡查（含人员巡查、工作犬巡查）、过机检查、重点开拆查验等方式对邮件进行查验。海关主要检查个人进境邮递物品面单申报信息是否真实，实物与面单是否相符，是否存在禁限类物品，是否存在侵权行为，是否涉税等。

对于没有异常情况、不需要征收进口税的物品马上放行；对于有异常情况或者要征收进口税的物品，根据规定进行分流处置。

（二）快件渠道个人物品通关流程

根据海关总署网站的“办事指南”，进境快件海关监管业务流程如图 2－16 所示。

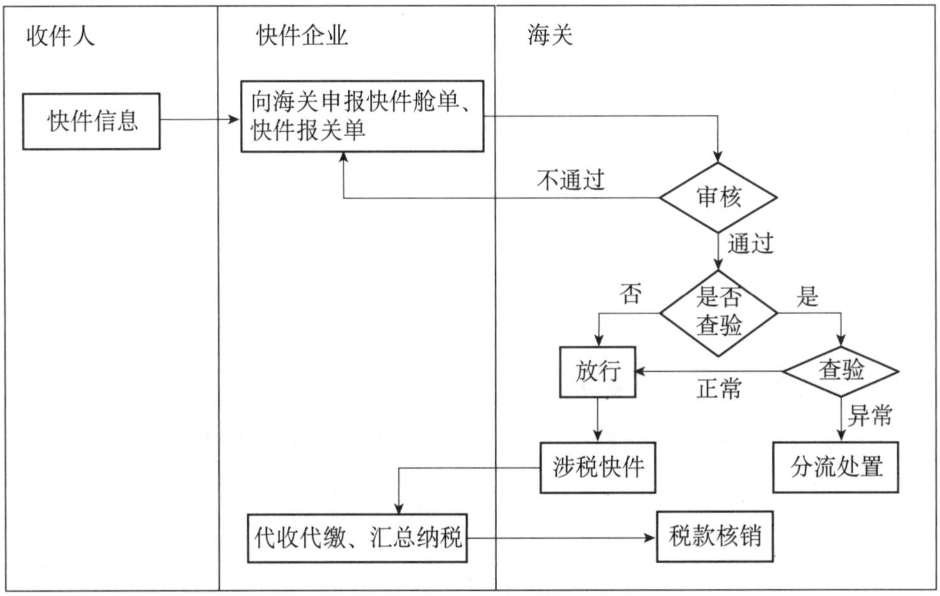

图 2－16　进境快件海关监管业务流程

1. 快件运营人申报

（1）申报企业：进出境快件运营人。根据《中华人民共和国海关对进出境快件监管办法》，进出境快件运营人是指在中华人民共和国境内依法注册，在海关登记备案的从事进出境快件运营业务的国际货物运输代理企业。

（2）申报时间：进境快件自运输工具申报进境之日起 14 日内，出境快件在运输工具离境 3 小时之前，应当向海关申报。

（3）申报系统：登录中国国际贸易单一窗口，进入“快件申报系统”办理，如图 2－17 所示。

（4）申报内容：快件舱单、快件报关单及随附资料。

快件运营人应向海关传输或递交进出境快件舱单，海关确认无误后接受申报。

进出境快件分为文件类（A 类）、个人物品类（B 类）和低值货物类（C 类）三种类型。其中，B 类快件报关时，快件运营人应当向海关提交 B 类快件报关单（格式见表 2－9）、每一进出境快件的分运单、收件人身份证影印件和海关需要的其他单证。快件运营人在申报前应联系收件人核实确认物品的名称、数量、价值、品牌等情况，收取收件人身份证影印件和海关需要的其他材料。

图 2－17　单一窗口快件报关单申报界面

表 2－9　中华人民共和国海关进境 B 类快件报关单（单票）

快件单号　　　　　　　　　　　　　　　　　　　　　　　　　　报关单号

总运单号	分运单号		进境日期	申报日期
进口口岸	申报地海关	运输方式	运输工具名称	包装种类
发件人	发件人国别		启运国（地区）	
收件人	发件人城市		件数	重量（千克）
备注			海关回执信息	
项号　税号　商品名称　规格型号　数量及单位　原产国（地区）　单价　总价　币制				
录入员　录入单位		兹申明对以上内容承担如实申报、依法纳税之法律责任	海关批注及日期	
报关人员 单位地址 邮编	申报单位（人）（签章） 填制日期 电话		审单 查验 放行	

2. 海关审核

海关对快件报关单的内容进行审核，将报关单信息与运抵报关信息进行核对。若没有布控查验，则数据审核通过后直接放行；若有布控查验，则进入查验环节。

3. 海关查验

进出境快件通关应当在经海关批准的专门监管场所内进行，如因特殊情况需要在专门监管场所以外进行的，须事先征得所在地海关同意。

海关查验进出境快件时，快件运营人应派员到场，并负责进出境快件的搬移、开拆和重封包装。海关对进出境快件中的个人物品实施开拆查验时，运营人应通知进境快件的收件人到场，收件人不能到场的，运营人应向海关提交其委托书，代理收件人的义务，并承担相应的法律责任。海关认为必要时，可对进出境快件予以径行开验、复验或者提取货样。

海关检查的内容主要是个人进出境快递物品申报信息是否真实，实物与申报信息是否相符，是否存在禁限类物品，是否存在侵权行为，是否涉税等。

4. 海关放行

进出境快递物品经海关查验无异常的，作放行处理；对查验后无法直接放行的，依据物品情况，由海关分别作征税放行、退运、暂存待处理、移交缉私和销毁等处置。海关放行后，需要缴纳进口税的物品，由快件运营人代收代缴，定期汇总向海关缴税。

操作示范

一、核实贸易单据

澳大利亚的供货商 ABC ENTERPRISES PTY. LTD. 安排承运人将货物运抵宁波港口，并向杭州 XX 网络科技有限公司寄来了业务单据，包括发票（见表 2－10）、装箱单（见表 2－11）、提单（见表 2－12）等业务单据。同时，公司准备好此批货物的明细单（见表 2－13），以办理货物的进口报关和提货手续。

二、录入进口核注清单

在查询到进口舱单信息后，杭州 YY 供应链管理有限公司的报关人员在单一窗口的“加工贸易”系统下的“保税物流管理”模块录入保税核注清单（进口）。核注清单表头中的清单类型是“普通清单”，手（账）册编号为公司的物流账册编号 L2992B11111000，监管方式为“保税电商”，报关标志为“报关”，报关类型为“对应报关”。

核注清单申报成功后，系统生成核注清单编号 QD299220I000006700，货物入区前核注清单的数据状态为“预审批通过”，核扣标志为“预核扣”，见表 2－14。

三、录入进口货物报关单

杭州 YY 供应链管理有限公司的报关人员在单一窗口“货物申报”系统中先按核注清单中的报关单草稿编号 I20241111222256789 查询、调出该报关单草稿，然后将表头、表体信息补充完整，形成完整的报关单数据，见表 2－15。

在进口报关单中，境内收货人、消费使用单位、申报单位都是区内仓储兼报关企业杭州 YY 供应链管理有限公司，备案号为物流账册编号 L2992B11111000，监管方式为保税电商，境内目的地是杭州保税物流中心，在备注栏录入了“跨境电商零售进口商品”、全国通关一体化、通关无纸化、跨境电商平台名称等，随附单证为保税核注清单，随附单证编号栏为核注清单编号 QD299220I000006700。

四、录入进区核放单

由于杭州 YY 供应链管理有限公司采用通关一体化模式报关，货物运抵入境口岸宁波北仑港以后，海关没有对该票货物实施查验，报关单直接被海关放行。

报关单放行后，杭州 YY 供应链管理有限公司的报关人员在单一窗口的“加贸保税”系统下的“保税物流管理”模块录入特殊区域核放单，以做好货物入区准备。货物通过杭州保税物流中心内卡后，核放单的内容见表 2－16，入区核放单类型为“一线一体化进出区”，进出标识为“入区”，绑定类型为“一车一票”，关联单证编码为进口核注清单编号 QD299220I000006700。在场站理货后，该批货物放入跨境保税仓库暂存。

五、申报电商清单

杭州 XX 网络科技有限公司通过跨境电商平台销售暂存在杭州保税物流中心的商品。在消费者购买商品后形成订单、运单、支付单信息，这些信息分别由电商企业、国内快递公司、支付企业通过与海关对接的申报系统向海关自动申报。杭州 YY 供应链管理有限公司登录单一窗口的“跨境电商”系统的“跨境电商进口”下“清单管理”功能模块，在“待申报清单查询”界面可查询到清单数据，然后批量申报电商清单。

六、录入出口核注清单

海关放行电商清单后，杭州 YY 供应链管理有限公司在单一窗口的“保税物流管理”系统申报保税核注清单（出口）。核注清单类型为“保税电商”而不是“普通清单”，手（账）册编号仍然为公司的物流账册编号 L2992B11111000，监管方式为“保税间货物”而不是“保税电商”，运输方式为“其他运输”而不是“水路运输”或“航空运输”，报关标志为“非报关”。货物出区后的核注清单内容见表 2－17。

七、录入出区核放单

核注清单申报通过后，杭州 YY 供应链管理有限公司申报了出区核放单，见表 2－18。核放单表头的核放单类型为“二线进出区”，进出标识为“出区”，绑定类型为“一车一票”，关联单证编码为出口核注清单编号 QD29920E000007825。

常见的集装箱的种类和尺寸

提单上的集装箱号和铅封号、集装箱的类型与数量

表 2-10 发票

<table>
<tr><td colspan="7">COMMERCIAL INVOICE
商 业 发 票</td></tr>
<tr><td colspan="3">DATE
日期 2024-08-15</td><td colspan="4">INVOICE NO.
发票号 HZKJ6789</td></tr>
<tr><td colspan="3">SHIPPER/EXPORTER (complete name & address & telephone)
寄件人或出口商的详细名称、地址及电话

ABC ENTERPRISES PTY. LTD.
Grattan Street Parkville,
Melbourne, VIC 3010, Australia
Tel: +61-3-12345678</td><td colspan="4">CONSIGNEE (complete name & address & telephone)
收件人的详细名称、地址及电话
杭州XX网络科技有限公司
HANGZHOU XX NETWORK TECHNOLOGY CO., LTD.
杭州市滨文路470号
ADD: 470 BINWEN RD, HANGZHOU
Attn: LI SI
Tel: +86-571-12345678
Email: 123456@163.com</td></tr>
<tr><td colspan="3">COUNTRY OF TRADE
贸易国 澳大利亚</td><td colspan="4" rowspan="5">IMPORTER (IF OTHER THAN CONSIGNEE) (complete name & address)
进口商详细名称（若与收件人非同一人）

Same AS Consignee</td></tr>
<tr><td colspan="3">COUNTRY OF EXPORT
出口国 AUS</td></tr>
<tr><td colspan="3">COUNTRY OF ORIGIN GOODS
货物原产地 澳大利亚</td></tr>
<tr><td colspan="3">COUNTRY OF ULTIMATE DESTINATION
最终运抵目的国 CHINA</td></tr>
<tr><td colspan="3">TRADE TERMS
成交方式（CIF/FOB/DAP等） CIF</td></tr>
<tr><td>MARKS NO.
唛头</td><td>NO. OF PKGS
包装件数</td><td>DESCRIPTION OF GOODS
货品详细描述</td><td>QUANTITY (PIECE)
数量</td><td>UNIT
单位</td><td>UNIT VALUE (RMB)
单价</td><td>TOTAL VALUE (RMB)
总价</td></tr>
<tr><td>N/M</td><td>2 400</td><td>澳大利亚DEVONDALE德运高钙全脂成人奶粉1KG</td><td>14 400</td><td>袋</td><td>60.00</td><td>864 000.00</td></tr>
<tr><td>TOTAL
总计</td><td colspan="2">2 400</td><td>14 400</td><td></td><td></td><td>864 000.00</td></tr>
<tr><td colspan="7">WE DECLARE ALL THE INFORMATION CONTAINED IN THIS INVOICE TO BE TRUE AND CORRECT.
我们确保以上发票所列内容真实正确。</td></tr>
</table>

表 2 - 11　装箱单

PACKING LIST

装箱单

DATE 日期　2024 - 08 - 15	P/L NO. 装箱单号　HZKJ6789
SHIPPER/EXPORTER (complete name & address & telephone) 寄件人或出口商的详细名称、地址及电话 ABC ENTERPRISES PTY. LTD. Grattan Street Parkville, Melbourne, VIC 3010, Australia Tel: +61 - 3 - 12345678	CONSIGNEE (complete name & address & telephone) 收件人的详细名称、地址及电话 杭州 XX 网络科技有限公司 HANGZHOU XX NETWORK TECHNOLOGY CO., LTD. 杭州市滨文路 470 号 ADD: 470 BINWEN RD, HANGZHOU Attn: LI SI Tel: +86 - 571 - 12345678 Email: 123456@163. com
COUNTRY OF TRADE 贸易国　澳大利亚 COUNTRY OF EXPORT 出口国　AUS COUNTRY OF ORIGIN GOODS 货物原产地　澳大利亚 COUNTRY OF ULTIMATE DESTINATION 最终运抵目的国　**CHINA** TRADE TERMS 成交方式（CIF/FOB/DAP 等）　CIF	IMPORTER (IF OTHER THAN CONSIGNEE) (complete name & address) 进口商详细名称（若与收件人非同一人） **Same As Consignee**

MARKS NO. 唛头	NO. OF PKGS 包装件数	DESCRIPTION OF GOODS 货品详细描述	QUANTITY (PIECE) 数量	G. W (KG) 毛重	N. W (KG) 净重	箱号
N/M	2 400 CTN	澳大利亚 DEVONDALE 德运高钙全脂成人奶粉 1KG	14 400	20 320	14 400	
TOTAL 总计	2 400CTN　40 个 IPPC 木托		14 400	20 320	14 400	
托盘尺寸	110 * 120 * 145CM					
托盘材质	40 个 IPPC 木托					

WE DECLARE ALL THE INFORMATION CONTAINED IN THIS PACKING LIST TO BE TRUE AND CORRECT.

我们确保以上装箱单所列内容真实正确。

表 2－12　提单

Shipper / Consignee / Notify Party	B/L NO. PILU783601
Shipper ABC ENTERPRISES PTY. LTD. Grattan Street Parkville， Melbourne，VIC 3010，Australia Tel：＋61－3－12345678	B/L NO.　PILU783601 PIL **PACIFIC INTERNATION LINES (PTE) LTD.** (Incorporated in Singapore) COMBINED TRANSPORT BILL OF LADING Received in apparent good order and condition except as otherwise noted the total number of container or other packages or units enumerated below for transportation from the place of receipt to the place of delivery subject to the terms hereof. One of the signed Bills of Lading must be surrendered duly endorsed in exchange for the Goods or delivery order... SEE TERMS ON ORIGINAL B/L
Consignee HANGZHOU XX NETWORK TECHNOLOGY CO.，LTD. 470 BINWEN RD，HANGZHOU CONTACT：LI SI	
Notify Party HANGZHOU XX NETWORK TECHNOLOGY CO.，LTD. 470 BINWEN RD，HANGZHOU CONTACT：LI SI	

Vessel and Voyage Number	Port of Loading	Port of Discharge
XIN PU DONG　123E	MELBOURNE，AUSTRALIA	NINGBO，CHINA
Place of Receipt	Place of Delivery	Number of Original B(s)/L
		THREE

PARTICULARS AS DECLARED BY SHIPPER － CARRIER NOT RESPONSIBLE

Container Nos. /Seal Nos. Marks and/Numbers	No. of Container/Packages/Description of Goods	Gross Weight (kilos)	Measurement (cu-metres)
TCNU6991234 SEAL 822999	1×40GP　40 PALLETS MILK POWER FCL/FCL SHIPPERS STOW，LOAD AND COUNT	20 320.00	50.00

FREIGHT & CHARGES	
FREIGHT PREPAID	Number of Containers/Packages (in words) TOTAL FORTY WOODEN PALLETS
	Shipped on Board Date： 24 AUG，2024
	Place and Date of Issue： MELBOURNE 24 AUG，2024
	In Witness Whereof this number of Original Bills of Lading stated above all of the tenor and date one of which being accomplished the others to stand void.
	for PACIFIC INTERNATIONAL LINES (PTE) LTD. as Carrier

表 2-13　杭州 XX 网络科技有限公司进口货物明细单

序列号	项号	备案料号	商品编码	品名	规范申报	商品名称	申报数量	申报单位	净重（kg）	毛重（kg）	单价	总价	币制	原产国	EAN编码
××	01	9300639602967	1901900000	DEVONDALE成人奶粉	品牌：德运。成分：能量（4%）、蛋白质（6%）、脂肪（28%）、碳水化合物（2%），加糖、钠（2%）、钙（15%）。包装规格：1kg/袋。功能：成人食用。生产商：澳大利亚德运。	澳大利亚DEVONDALE德运高钙全脂成人奶粉1kg	14 400	袋	14 400	20 320	60	864 000	人民币	澳大利亚	9300639602967
托盘材质					40 个 IPPC 木托		14 400		14 400	20 320		864 000			

注：项号为该批货物在账册中的序号，品名须与账册中的品名一致，商品名称为电商企业提供的品名。

表 2-14　保税核注清单（进口）

（仅供核对用）

预录入统一编号	202400000012345600	清单编号	QD299220I000006700	清单类型	普通清单	手（账）册编号	L2992B11111000
经营单位代码	3334w447k9	经营单位社会信用代码	913301YYYY3051224M	经营单位名称	杭州 YY 供应链管理有限公司	加工单位编码	3334w447k9
加工单位社会信用代码	913301YYYY3051224M	加工单位名称	杭州 YY 供应链管理有限公司	申报单位编码	3334w447k9	申报单位社会信用代码	913301YYYY3051224M
申报单位名称	杭州 YY 供应链管理有限公司	录入单位编码	3334w447k9	录入单位社会信用代码	913301YYYY3051224M	录入单位名称	杭州 YY 供应链管理有限公司
录入日期	20240921	清单申报日期	20240922	清单进出卡口状态	预审批通过	核扣标志	预核扣
企业内部编号		进境关别	北仑海关	主管海关	杭州物流	启运国（地区）	澳大利亚
料件成品标志	料件	监管方式	保税电商	运输方式	水路运输	申报表编号	
流转类型		报关标志	报关	报关类型	对应报关	报关单类型	进口报关单
关联清单编号		关联手（账）册备案编号		对应报关单编号		对应报关申报单位代码	3334w447k9
对应报关申报单位社会信用代码	913301YYYY3051224M	对应报关申报单位名称	杭州 YY 供应链管理有限公司				
备注							

表体

商品序号	报关单商品序号	备案序号	商品料号	商品编码	商品名称	规格型号	原产国（地区）	最终目的国（地区）	币制	申报单价	申报数量	申报计量单位	申报总价	法定数量	法定计量单位	第二法定数量	法定第二计量单位	征免方式	单耗版本号
1	1	68	9300639602967	1901900000	DEVONDALE 成人奶粉	1KG/袋	澳大利亚	中国	人民币	60	14 400	袋	864 000	14 400	千克			全免	

报关单草稿

报关单统一编号	商品序号	商品编码	商品名称	规格型号	申报单价	申报数量	申报计量单位	申报总价	币制	原产国（地区）	最终目的国（地区）
I20241111222256789	1	1901900000	DEVONDALE 成人奶粉	1KG/袋	60	14 400	袋	864 000	人民币	澳大利亚	中国

（以下内容省略）

表 2-15 中华人民共和国海关进口货物报关单

预录入编号： 海关编号： （杭州物流） 页码/页数：

境内收货人（913301YYYY3051224M） 杭州 YY 供应链管理有限公司	进境关别（3104） 北仑海关	进口日期 20240922	申报日期 20240922	备案号 L2992B11111000
境外发货人 ABC ENTERPRISES PTY. LTD.	运输方式（5） 水路运输	运输工具名称及航次号 XIN PU DONG/ 123E	提运单号 PILU783601	货物存放地点 杭州保税物流中心
消费使用单位（913301YYYY3051224M） 杭州 YY 供应链管理有限公司	监管方式（1210） 保税电商	征免性质	许可证号	启运港（AUS147） 墨尔本
合同协议号 XX200233	贸易国（地区）（AUS） 澳大利亚	启运国（地区）（AUS） 澳大利亚	经停港（AUS147） 墨尔本	入境口岸（380101） 宁波北仑港港区

包装种类（93/22） 天然木托/纸箱	件数 40	毛重（千克） 20 320	净重（千克） 14 400	成交方式 CIF	运费	保费	杂费

随附单证
随附单证 1：保税核注清单 QD299220I000006700 随附单证 2：发票；装箱单；提运单；合同

标记唛码及备注
备注：“跨境电商零售进口商品” 全国通关一体化 通关无纸化 XXX 跨境电商企业 L2992B11111000 N/M

项号	商品编号	商品名称及规格型号	数量及单位	单价/总价/币制	原产国（地区）	最终目的国（地区）	境内目的地	征免
1	1901900000	成人奶粉 4 | 3 | 能量（4%）、蛋白质（6%）、脂肪（28%）、碳水化合物（2%）加糖、钠（2%）、钙（15%） | 1KG/袋 | 德运 DEVONDALE	14 400 千克 14 400 袋	60.00 864 000.00 人民币	澳大利亚 （AUS）	中国 （CHN）	（3316W/330109）杭州保税物流中心/杭州市萧山区	全免 （3）

特殊关系确认： 价格影响确认： 支付特许权使用费确认： 自报自缴：否

申报人员 申报人员证号 电话 兹申明对以上内容承担如实申报、依法纳税之法律责任 申报单位 （913301YYYY3051224M）杭州 YY 供应链管理有限公司 申报单位（签章）	海关批注及签章

表 2-16 特殊区域核放单

（仅供核对用）

打印日期：

预录入编号	2024000002033012	核放单编号	Z2992I2009240000012	核放单类型	一线一体化进出区
进出标识	入区	绑定类型	一车一票	关联单证类型	核注清单
关联单证编码	QD299220I000006700	主管关区	杭州物流	区内账册号	
区内企业编码	3334w447k9	区内企业社会信用代码	913301YYYY3051224M	区内企业名称	杭州 YY 供应链管理有限公司
申报单位编码	3334w447k9	申报单位社会信用代码	913301YYYY3051224M	申报单位名称	杭州 YY 供应链管理有限公司
承运车牌号	浙 B88K88	IC 卡号（电子车牌）		集装箱号	TCNU6991234
车自重	7 890	车架号	1	车架重	1
集装箱型	40GP	集装箱重	3 800	货物总毛重	20 320
货物总净重	14 400	总重量	24 120	企业内部编号	
过卡时间 1	20240922 09:50:13	过卡时间 2	20240922 10:03:50	是否过卡	已过二卡
录入单位编码	3334w447k9	录入单位社会信用代码	913301YYYY3051224M	录入单位名称	杭州 YY 供应链管理有限公司
申请人	王小丽	申报日期	20240922	录入日期	20240922
申报类型	备案	到货确认		备注	

表体

序号	关联商品序号	料号	商品编号	商品名称	申报数量	申报计量单位

关联单证

序号	关联单证编号
1	QD299220I000006700

表 2-17　保税核注清单（出口）

（仅供核对用）

预录入统一编号	20240000003341110	清单编号	QD29920E000007825	清单类型	保税电商	手（账）册编号	L2992B11111000
经营单位代码	3334w447k9	经营单位社会信用代码	913301YYYY3051224M	经营单位名称	杭州 YY 供应链管理有限公司	加工单位编码	3334w447k9
加工单位社会信用代码	913301YYYY3051224M	加工单位名称	杭州 YY 供应链管理有限公司	申报单位编码	3334w447k9	申报单位社会信用代码	913301YYYY3051224M
申报单位名称	杭州 YY 供应链管理有限公司	录入单位编码	3334w447k9	录入单位社会信用代码	913301YYYY3051224M	录入单位名称	杭州 YY 供应链管理有限公司
录入日期	20241213	清单申报日期	20241213	清单进出卡口状态	完全过卡	核扣标志	已核扣
企业内部编号		出境关别	杭州物流	主管海关	杭州物流	运抵国（地区）	中国
料件成品标志	料件	监管方式	保税间货物	运输方式	其他运输	申报表编号	
流转类型		报关标志	非报关	报关类型		报关单类型	
关联清单编号		关联手（账）册备案编号					
备注							

表体

商品序号	报关单商品序号	备案序号	商品料号	商品编码	商品名称	规格型号	原产国（地区）	最终目的国（地区）	币制	申报单价	申报数量	申报计量单位	申报总价	法定数量	法定计量单位	第二法定数量	法定第二计量单位	征免方式	单耗版本号
1	1	68	9300639602967	1901900000	DEVON-DALE 成人奶粉	1KG/袋	澳大利亚	中国	人民币	90	6	袋	540	6	千克	0		全免	
2	2	139	8809311144403	3304990039	XX 面膜	10 片/盒	韩国	中国	人民币	40	3	盒	120	1.395	千克	3	件	全免	

报关单草稿

报关单统一编号	商品序号	商品编码	商品名称	规格型号	申报单价	申报数量	申报计量单位	申报总价	币制	原产国（地区）	最终目的国（地区）

（以下内容省略）

表 2-18　特殊区域核放单

（仅供核对用）

打印日期：

预录入编号	2024000007777003	核放单编号	Z2992E2012130000012	核放单类型	二线进出区
进出标识	出区	绑定类型	一车一票	关联单证类型	核注清单
关联单证编码	QD29920E000007825	主管关区	杭州物流	区内账册号	
区内企业编码	3334w447k9	区内企业社会信用代码	913301YYYY3051224M	区内企业名称	杭州 YY 供应链管理有限公司
申报单位编码	3334w447k9	申报单位社会信用代码	913301YYYY3051224M	申报单位名称	杭州 YY 供应链管理有限公司
承运车牌号	浙 A66M78	IC 卡号（电子车牌）		集装箱号	
车自重	3 910	车架号	1	车架重	1
集装箱型		集装箱重		货物总毛重	12
货物总净重	11	总重量	3 922	企业内部编号	
过卡时间 1	20241213　14:20:10	过卡时间 2	20241213　14:22:30	是否过卡	已过二卡
录入单位编码	3334w447k9	录入单位社会信用代码	913301YYYY3051224M	录入单位名称	杭州 YY 供应链管理有限公司
申请人	王小丽	申报日期	20241213	录入日期	20241213
申报类型	备案	到货确认		备注	

表体						
序号	关联商品序号	料号	商品编号	商品名称	申报数量	申报计量单位

关联单证	
序号	关联单证编号
1	QD29920E000007825

能力训练

一、单项选择题

1. 跨境电商 1239 模式进口与 1210 模式进口的不同在于(　　)。

A. 业务必须在试点城市的特殊监管区域或保税物流中心（B 型）开展

B. 物流模式为先入境备货，后国内消费者下单

C. 执行有关商品首次进口许可批件、注册或备案要求

D. 可以申请退货

2. 跨境电商 1210 模式进口与 9610 模式进口的不同在于(　　)。

A. 可以申请退货

B. 需要申请特殊区域物流账册

C. 经营的商品范围受跨境电子商务零售进口商品清单（正面清单）限制

D. 消费者单次交易均不得超过 5 000 元

3. 1210 模式进口业务中，消费者单次交易不得超过________元，年度交易限值不得超过________元。(　　)

A. 2 000；20 000　　B. 5 000；20 000　　C. 2 000；26 000　　D. 5 000；26 000

4. (　　)是货物进出海关特殊监管区域要办理的卡口放行凭证。

A. 核注清单　　B. 核放单　　C. 报关单　　D. 物流账册

5. 报关企业申请特殊区域的物流账册时，要登录中国国际贸易单一窗口应用列表的(　　)系统。

A. 加贸保税　　B. 跨境电商　　C. 物品通关　　D. 货物申报

6. 跨境电商 1210 模式进口业务中，物流账册编号规则为(　　)。

A. 特殊监管区域为 L 打头，B 型保税物流中心为 T 打头

B. 特殊监管区域为 T 打头，B 型保税物流中心为 L 打头

C. 特殊监管区域为 H 打头，B 型保税物流中心为 W 打头

D. 特殊监管区域为 W 打头，B 型保税物流中心为 H 打头

7. 跨境电商 1210 模式进口业务中，一体化模式报关的核注清单（进口）清单类型是(　　)。

A. 区内流转　　B. 保税电商　　C. 普通清单　　D. 先入区后报关

8. 跨境电商 1210 模式进口业务中，核注清单（进口）的监管方式和报关标志分别为(　　)。

A. 监管方式为“一般贸易”，报关标志为“报关”

B. 监管方式为“一般贸易”，报关标志为“非报关”

C. 监管方式为“保税电商”，报关标志为“报关”

D. 监管方式为“保税电商”，报关标志为“非报关”

9. 保税核注清单的编号以(　　)打头。

A. BS　　B. QD　　C. KJ　　D. DS

10. 跨境电商1210模式货物入区的进口报关单的填制规范正确的是(　　)。

A. 备案号不用填写

B. 随附单证编号栏为对应的核注清单编号

C. 征免方式为照章征税

D. 监管方式为料件进出区

11. 我国对特殊区域实行的监管原则，以下理解正确的是(　　)。

A. “一线”指特殊区域与境外之间，“二线”指特殊区域与境内区外之间

B. “一线”指特殊区域与境内区外之间，“二线”指特殊区域与境外之间

C. 实行“一线管住”“二线放开”的监管原则

D. 实行“双线监管＋报关单管理”

12. 跨境电商1210模式进口业务中，货物进出特殊区域的报关操作描述正确的是(　　)。

A. 货物从境外运入特殊区域无须申报报关单

B. 货物从境外运入特殊区域无须申报核放单

C. 货物从特殊区域运往境内区外无须申报核注清单

D. 货物一线入区既可以按通关一体化模式报关，也可以按转关模式报关

13. 跨境电商1210模式进口业务中，一线入区按转关模式操作的描述错误的是(　　)。

A. 向口岸海关申报转关单

B. 货物入区前企业申报入区核放单（类型为卡口登记货物）

C. 货物入区前企业申报核注清单（进口）

D. 场站公司完成理货后，企业申报入区核放单（类型为一线一体化进出区）

14. 以下关于特殊区域核放单的描述错误的是(　　)。

A. 核放单表头的“绑定类型”是指监管运输车辆与车辆所载货物的对应情况

B. 每个核放单只能录入一辆承运车辆信息

C. 核放单不需要关联核注清单编号

D. 核放单的“绑定类型”有一车一票、一车多票、一票多车三种情况

15. 承运货物的监管车辆通过特殊区域内卡口（二卡）后，有关业务单证数据的描述错误的是(　　)。

A. 核放单状态为“已过二卡”

B. 核注清单的数据状态为“海关终审通过”

C. 核注清单的核扣标志为“已核扣”

D. 核注清单的核扣标志为“预核扣”

16. 跨境电商 1210 模式进口业务中，关于出区通关的操作正确的是(　　)。

A. 无须申报电商“三单”数据，但要申报电商清单

B. 要申报电商“三单”和清单

C. 货物先申报核注清单，再申报报关单

D. 要申报核注清单（进口）

17. 跨境电商 1210 模式商品核注清单（出口）的操作中正确的是(　　)。

A. 核注清单类型为“普通清单”　　B. 监管方式为“保税电商”

C. 运输方式为“公路运输”　　D. 报关标志为“非报关”

18. 出区核注清单与入区核注清单的表头填制内容的共同点为(　　)。

A. 手（账）册编号相同　　B. 清单类型相同

C. 监管方式相同　　D. 报关标志相同

19. 通过行邮模式进境的个人物品，以下描述中错误的是(　　)。

A. 必须是自用、合理数量的个人物品

B. 个人物品不得涉及“负面清单”内的商品

C. 进境居民旅客携带在境外获取的个人自用进境物品总值在 5 000 元人民币以内（含 5 000 元）的免税放行

D. 个人寄自或寄往港、澳、台地区的物品，每次限值为 1 000 元人民币

20. 以下关于个人物品邮递入境的监管政策描述正确的是(　　)。

A. 寄自或寄往港、澳、台地区以外的国家和地区的物品，每次限值为 1 000 元人民币

B. 对于个人邮寄进境物品，海关依法征收关税、增值税、消费税

C. 应征税额不超过人民币 100 元的，海关予以免征

D. 个人邮寄进境物品超出规定限值的，必须办理退运手续

二、操作题

1. 根据贸易背景资料，填写入区通关业务单证的部分内容（见表 2-19）。

2024 年 1 月 5 日，FZ 公司以 1210 模式申报进口一批货物，拟暂存在福州出口加工区，然后在电商平台销售。福州出口加工区海关的简称为“福州加工”，FZ 公司的特殊区域物流账册编号为 T3520W000067，该批货物从海沧海关进境后，由车牌号为闽 DW668E 的货车承运至福州出口加工区，货物进口的海运提单部分内容见表 2-20。

表 2-19　进口 1210 模式入区通关业务单证（部分内容）

保税核注清单（进口）部分内容		入区核放单部分内容	
清单编号	QD352024I00001111	核放单编号	Z3520I210106000000000008
手（账）册编号		核放单类型	
料件成品标志		进出标识	
清单类型		绑定类型	
进境关别		关联单证类型	
主管海关		关联单证编码	
启运国（地区）		主管关区	
监管方式		承运车牌号	
运输方式		集装箱号	
报关标志		集装箱型	

表 2-20　海运提单（部分内容）

Vessel and Voyage Number MAERSK HORSBURGH 048W		Port of Loading SINGAPORE	Port of Discharge XIAMEN
Place of Receipt		Place of Delivery	Number of Original B(s)/L THREE
PARTICULARS AS DECLARED BY SHIPPER - CARRIER NOT RESPONSIBLE			
Container Nos. /Seal Nos. Marks and Numbers	No. of Container/Packages/Description of Goods	Gross Weight (kilos)	Measurement (cu-metres)
N/M	FCIU4241156/20'GP/FX15386995 169 CARTONS/CY-CY Vacuum Insulation Cup	2 028.000	12.170

2. 根据第 1 题及下述贸易背景资料，填写出区通关业务单证的部分内容（见表 2-21）。

2024 年 2 月 28 日，FZ 公司以 1210 模式进口并通过跨境电商平台销售的一批货物从福州出口加工区进行国内配送，出区承运车辆牌照为闽 DM236G，该批货物对应一份核注清单。

表 2-21　进口 1210 模式出区通关业务单证（部分内容）

保税核注清单（出口）部分内容		出区核放单部分内容	
清单编号	QD352024E00000032	核放单编号	Z3520E210228000000000010
手（账）册编号			
料件成品标志			
清单类型			
出境关别			
主管海关			
运抵国（地区）			
监管方式			
运输方式			
报关标志			

项目三
跨境电商出口通关流程

跨境电商出口业务适用的海关监管方式代码包括 9610、1210、9710、9810 四种。其中，9610、1210 适用于跨境电商企业对个人零售（B2C）出口业务，并且 9610 模式是跨境电商 B2C 出口业务的主流模式；9710、9810 适用于跨境电商企业对企业（B2B）出口业务。本项目以通关模式的类型为线索，依次介绍不同模式下的通关流程、业务特点以及涉及的业务单据。

学习目标

［知识目标］

1. 掌握 9610 模式出口的通关流程。

2. 掌握 1210 模式出口的通关流程和常用业务单据的填写要点。

3. 掌握 9710、9810 模式出口的申报类型、通关流程和常用业务单据的填写要点。

［能力目标］

1. 能根据业务背景设计 9610 模式出口的通关流程。

2. 能根据业务背景设计 1210 模式出口的通关流程，能填写相关的业务单据。

3. 能根据业务背景设计 9710、9810 模式出口的通关流程，能填写相关的业务单据。

［素养目标］

通过理论知识学习和操作技能训练，树立守法合规意识，养成严谨细致的工作作风，使报关工作做到合规高效。

项目导入

浙江 RY 企业服务有限公司（统一社会信用代码：91330000092712342K）是一家中小企业外贸一站式综合服务平台，通过互联网与线下服务相结合，为中小企业提供通关、物流、检验、退税、外汇、金融等所有外贸交易所需的各环节服务。公司在 2024 年 11 月接到一家客户的跨境电商 9610 模式出口清单数据申报的委托，拟办理跨境电商出口数据的申报。

项目任务：

（1）数据接收与审核。

（2）数据推送。

工作任务

任务一　跨境电商 9610 模式出口通关流程

跨境电商 B2C 一般出口模式（9610）是跨境电商 B2C 出口的主流模式，其通关流程如图 3-1 所示。

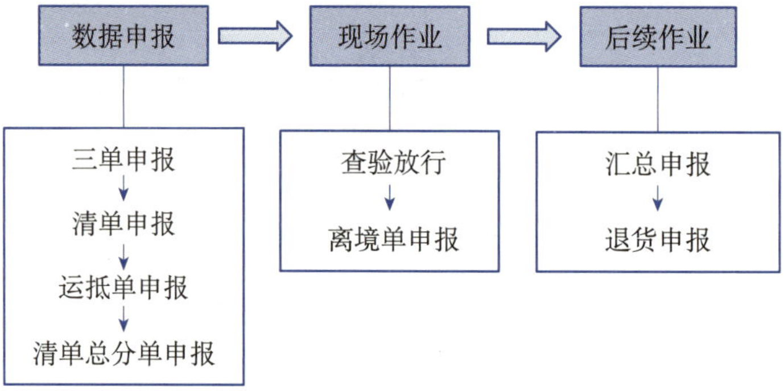

图 3－1　跨境电商 B2C 一般出口模式通关流程

一、数据申报

（一）三单申报

根据现行政策，跨境电子商务零售出口商品在向海关申报前，电子商务企业或其代理人、支付企业、物流企业应当分别通过跨境电子商务通关服务平台如实向海关传输订单、收款单、运单等电子信息。由于我国海关试点期间未能与国外第三方支付平台进行数据联网，因此暂不需要提供收款单信息。

跨境电商完成企业备案后，就可以把商品上传到跨境电商平台展示，国外消费者在电商平台上下单并完成支付后形成订单信息（见表 3－1），由电商企业或其代理人向海关申报。

表 3－1　单一窗口系统中的订单信息（跨境零售出口）

订单详细信息							
订单编号		报送类型		业务状态		报送时间	
电商平台代码		电商平台名称		电商企业代码		电商企业名称	
订单类型		商品金额		运杂费		币制	
入库时间		备注					
订单表体信息							
商品序号		企业商品货号		企业商品名称		企业商品描述	
条码		数量		单位		单价	
总价		币制		备注			

跨境电商企业将订单的商品打包交物流企业后，形成运单信息（见表 3－2），由物流企业或其代理人向海关申报。这里的运单是指每个小包裹的物流运单，例如使用中国邮政小包寄送包裹的物流面单如图 3－2 所示，上面包含运单信息。物流企业将各电商企业的货物集中后运至指定监管区域（国际邮政点、国际机场监管场所、指定跨境园区、其他跨境监管场所等），然后统一送往机场仓，形成一个航空主运单信息。

表 3-2　单一窗口系统中的运单信息（跨境零售出口）

物流运单详细信息							
运单编号		报送类型		业务状态		报送时间	
物流企业代码		物流企业名称		电商企业代码		电商企业名称	
运费		保价费		币制		电商企业电话	
件数		毛重		入库时间		主要货物信息	
备注							

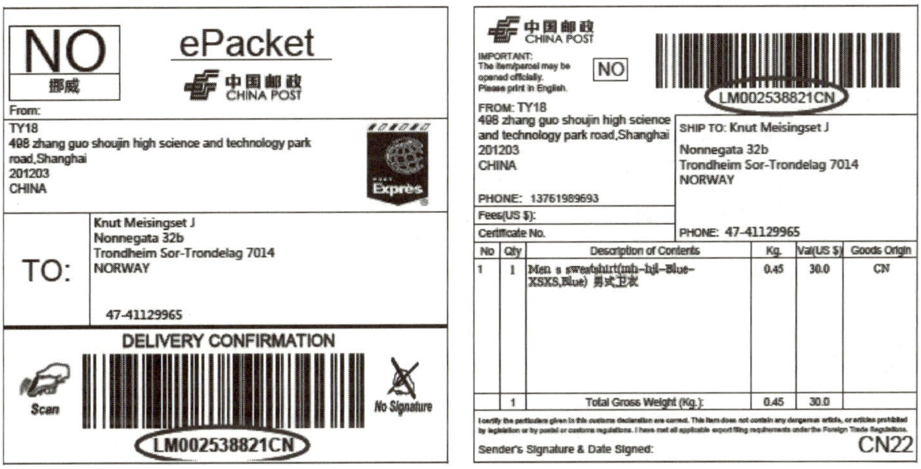

图 3-2　中国邮政小包物流面单

（二）清单申报

跨境 B2C 出口清单的申报一般都委托当地有申报资质的代理申报企业操作。代理申报企业根据海关要求开发自己的申报系统，在完成报文数据传输测试后，即可代理各电商企业和物流企业向当地电子口岸或海关数据分中心推送订单、运单、清单数据。由于每个代理申报企业都是根据自己的实际情况开发个性化的申报系统，因此登录及管理界面各不相同，但清单申报的数据要求是一样的，操作流程也基本相同。

下面以某代理报关企业为例，介绍清单申报的基本流程。

1. 接收清单资料

电商企业或物流企业按代理申报企业的要求制作申报资料并发给代理申报企业，代理申报企业运营部接收数据资料。申报资料的内容必须符合海关公布的《中华人民共和国海关跨境电子商务零售出口商品申报清单》的填制规范要求。

2. 导入清单数据

代理申报企业登录企业申报系统，将委托企业按要求提供的申报数据导入，导入成功后按该批货物实际的航班号修改航班日期，然后由系统生成推送数据，分为订单数据、运单数据、清单数据三种。清单与订单、运单的数量比关系为 1∶1∶1。

3. 清单推送

企业将系统生成的推送数据进行批量推送。按现行规定，企业必须先推送订单、运单数据（如图 3-3 所示），清单必须等订单、运单同时收到海关总署跨境统一版系统的入库成功回执后才可以推送。

图 3-3 企业申报系统的三单推送界面

4. 查看海关回执

订单、运单、清单推送后，海关总署跨境统一版系统接收企业的数据，并进行数据校验，校验通过后入库，同时向企业发送入库成功或失败回执。若申报成功，可在企业的申报系统查询到相关回执信息，如图 3-4 所示。

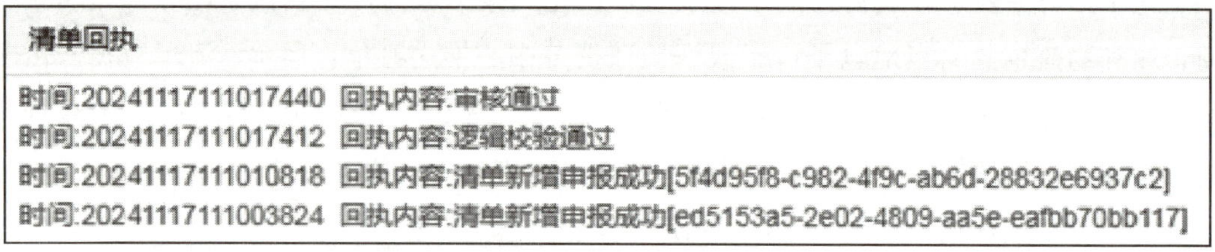

图 3-4 企业申报系统的清单状态查询结果

中国国际贸易单一窗口的“跨境电商出口”系统的“清单管理”功能模块也提供清单的录入、申报、查询等操作，如图 3-5 所示。由于跨境数据信息量太大，因此一般企业不会选择手工录入。

（三）运抵单申报

跨境货物运抵机场监管场所后，监管场所经营企业通过跨境电商场站辅助管理系统向海关发送跨境货物的运抵单信息，内容见表 3-3。

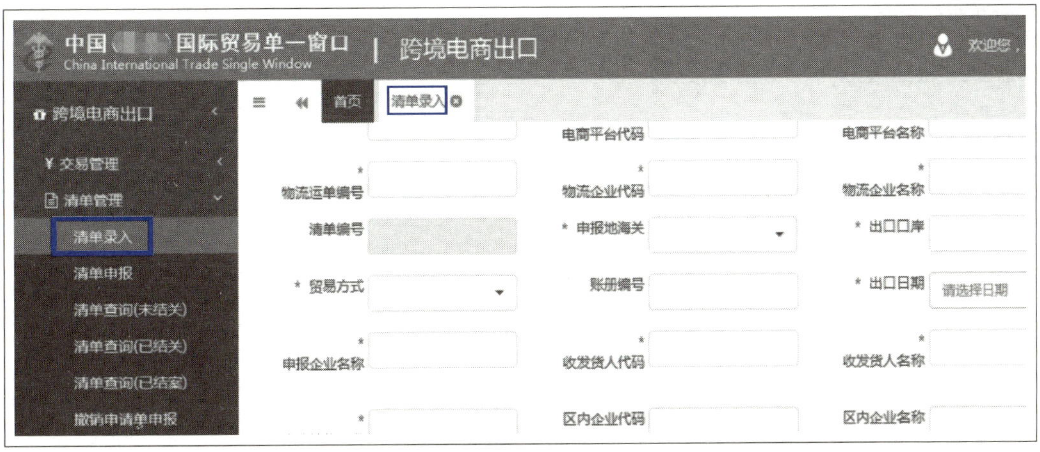

图 3-5　单一窗口“跨境电商出口”系统的清单管理界面

表 3-3　单一窗口系统中的运抵单信息（跨境零售出口）

运抵单详细信息							
预录入编号		报送类型		业务状态		报送时间	
监管场所经营人代码		监管场所经营人名称		申报地海关代码		企业唯一编号	
监管场所代码		物流企业代码		物流企业名称		进出口标志	
境内运输工具编号		运输方式		提运单号		入库时间	
备注							
运抵单表体信息							
序号		物流运单编号		总包号		备注	

（四）清单总分单申报

监管场所经营企业的运抵申报审核通过后，代理申报企业向海关推送清单总分单，内容包括申报企业、申报地海关、航班航次号、毛重等货物的所有信息（见表 3-4）。一个清单总分单对应一个航空运单，清单与清单总分单、航空运单的数量对应关系为 $N:1:1$。

表 3-4　单一窗口系统中的清单总分单信息（跨境零售出口）

总分单详细信息							
预录入编号		企业唯一编号		报送类型		业务状态	
申报地海关		申报企业代码		申报企业名称		报送时间	
物流企业代码		物流企业名称		航班航次号		提运单号	
监管场所代码		境内运输工具编号		运输方式		运输工具名称	
毛重		报文总数		报文序号		入库时间	
备注							

总分单表体信息							
序号		出口清单编号		物流运单编号		总包号	
备注							

总分单申报完成后，企业可以在申报系统查看清单总分单的海关放行或查验回执，如图 3－6 所示。

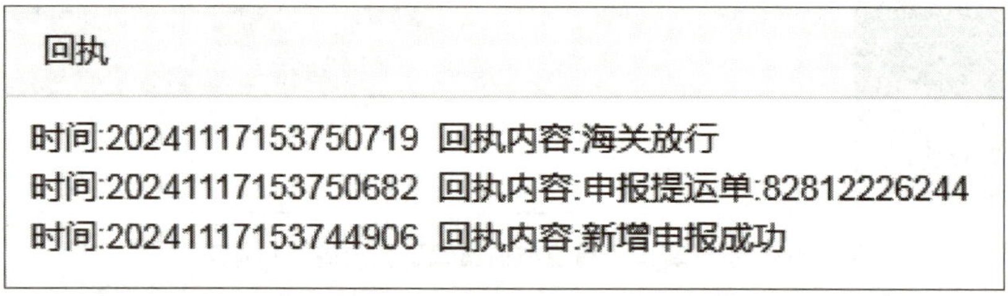

图 3－6　企业申报系统的清单总分单状态查询结果

二、现场作业

目前海关对出境的跨境电商货物实行集中申报、集中办理放行手续。以检疫监管为主，基于商品质量安全的风险程度，实施监督抽查。货物抵达机场口岸海关监管库后，企业核实重量、件数，打印好提单，申请海关关员去监管库抽取查验件。抽完查验件后，海关关员在提单上盖进仓确认章放行。

货物装上飞机离境后，物流企业申报离境单，海关系统审核后出口清单结关。

三、后续作业

（一）汇总申报

根据财政部、税务总局、商务部、海关总署联合发布的《关于跨境电子商务综合试验区零售出口货物税收政策的通知》（财税〔2018〕103 号），国家对综试区电子商务出口企业出口未取得有效进货凭证、同时符合条件的货物试行增值税、消费税免税政策。因此多数跨境电商出口企业一般不办理退税业务，海关直接按清单核放，后续无须汇总申报。

跨境电商出口企业如果取得有效进货凭证（增值税、消费税发票），可以申请出口退税。需要代理报关企业每月月初汇总上月清单数据集中向海关汇总申报，生成报关单。因此，9610 模式出口业务的汇总申报是针对有退税需求的跨境电商企业，并非必需的流程。

1. 汇总申请

根据现行政策规定，需要退税的电商企业要在海关放行货物后一个月内进行汇总申报。特殊情况需要延期报关的，须经海关同意。延期最长不得超过 3 个月，超过 3 个月未形成报关单申报的清单，不再办理报关手续。

跨境电子商务零售商品出口后，跨境电子商务企业或其代理人应当于每月 15 日前（当月 15 日是法定节假日或者法定休息日的，顺延至其后的第一个工作日），将上月结关的电商清单进行汇总申请。

2. 生成汇总报关单

申报企业向通关服务系统导入汇总申请单数据后，海关根据汇总申请单数据生成汇总结果单和汇总报关单。汇总申请单与汇总结果单的对应关系为 1∶N，汇总结果单与汇总报关单的对应关系为 1∶1。

汇总申报完成后，企业可查询到汇总报关单信息，再根据报关单信息去完成后续的出口退税操作。

（二）退货申报

退货申报不是必需的操作。如果跨境电商企业出口的货物有退运进境的，可以按照海关总署公告 2020 年第 44 号（《关于全面推广跨境电子商务出口商品退货监管措施有关事宜的公告》）的要求办理退货申报。

申请开展退货业务的跨境电商企业应保证退货商品为原出口商品，并承担相关的法律责任。原出口的商品可以全部或部分申请退货，退货商品可单独运回也可批量运回，退货商品应在出口放行之日起 1 年内退运进境。

任务二　跨境电商 1210 模式出口通关流程

跨境电商 B2C 特殊区域出口模式（1210）在业内又被称为保税出口模式，其与一般出口模式最大的不同在于“提前备货”，相当于企业把国外的“海外仓”搬到了国内的特殊区域里。开展跨境电商出口业务的企业在货物出售前，提前将跨境商品运入特殊区域的保税仓库中，随后根据平台订单情况将货物在区内打包成大货（B2B）或小包裹（B2C）形式报关出口。跨境电商 B2C 特殊区域出口模式的通关流程如图 3－7 所示。

一、入区准备

（一）申请账册

海关对进出特殊区域的货物实施电子账册管理，保税监管场所仓储企业需要向海关申请适用于特殊区域的物流账册，方便海关进出特殊区域货物的监管。跨境电商 1210 出

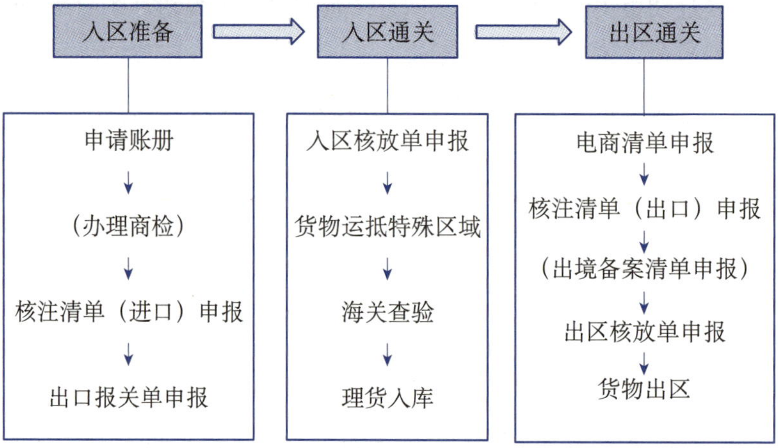

图 3-7　跨境电商 B2C 特殊区域出口模式（1210）的通关流程

口模式下，跨境电商企业根据海外市场预期，将物品提前备货运进特殊区域的保税仓库存储一段时间，因此报关企业（区内仓储企业一般兼营报关业务）需要事先申请保税物流账册，这与 1210 进口模式相同。

（二）办理商检

B2C 特殊区域出口模式下，跨境电商企业需要先将拟销售的货物整批运进特殊区域，这一阶段的操作按“一般贸易”的模式进行报关。

多数商品在一般贸易出口时不需要办理商检手续，但少数商品需要办理商检手续，这由海关对不同货物的监管政策来定，可按货物的 HS 编码查询货物的监管条件。如果需要办理商检手续，则应在报关前完成。

（三）核注清单（进口）申报

跨境电商企业一般委托区内有报关权的供应链企业进行报关。进行入区报关操作前，区内报关企业先申报保税核注清单（进口），再申报出口报关单。

报关企业在单一窗口→加贸保税→海关特殊监管区域→保税核注清单（进口）功能模块中录入保税核注清单（进口），系统在核注清单中自动生成报关单表体草稿。

跨境电商 1210 出口模式下货物进入特殊区域的核注清单录入操作与 1210 进口模式下基本相同，但也有不同，见表 3-5。

表 3-5　不同业务的核注清单（进口）录入比较

核注清单栏目	1210 进口业务	1210 出口业务
清单类型	普通清单	
手（账）册编号	物流账册编号	
料件成品标志	料件	
报关标志	报关	

续表

核注清单栏目	1210 进口业务	1210 出口业务
进境关别	（按实际填写）	（特殊区域海关）
启运国（地区）	（按实际填写）	中国
监管方式	保税电商	料件进出区
运输方式	（按实际填写）	其他运输
报关类型	对应报关	关联报关
报关单类型	进口报关单	出口报关单

（四）出口报关单申报

核注清单申报成功后，单一窗口会在核注清单中自动生成一份报关单草稿编号和出口报关单草稿表体内容，报关人员就可办理出口报关单录入的操作，操作方法与跨境电商 1210 模式进口报关单的录入相同。

与一般贸易项下出口报关单内容相比，跨境电商 1210 模式货物入区的出口报关单录入时有些栏目是一样的，例如监管方式为一般贸易，征免性质为一般征税，征免方式为照章征税。但需要注意以下几点内容：

（1）境内发货人、生产销售单位、申报单位可以是跨境电商企业或与其有业务代理关系的特殊监管区域供应链企业，也可以是其他报关企业。境外收货人可填写“NO”。

（2）备案号不用填写。

（3）随附单证代码为保税核注清单的代码“a”，随附单证编号栏为关联的核注清单（进口）的编号。

（4）备注栏要注明“跨境电子商务”等。

此外，录入时要注意：由于货物未实际出境，出境关别为特殊区域海关，运输方式根据特殊区域的类型填写，成交方式为 FOB，贸易国、运抵国（地区）均为中国，指运港、离境口岸、境内货源地均为货物运抵的特殊区域。

待海关审核通过核注清单后，报关企业在单一窗口按一般贸易（0110）监管方式补充出口报关单所有必填数据，审核无误后向海关发送。

需要说明的是，跨境电商特殊区域出口模式下，电商企业的货物运入特殊区域后视同货物已经出口，有退税需要的企业可以办理出口退税，因此后续不再办理电商清单的汇总申报。

二、入区通关

（一）入区核放单申报

出口报关单被海关审核通过后，报关企业申报入区核放单。1210 出口模式下的货物入区核放单的填制与 1210 进口模式下基本相同，都是货物进入特殊区域前要申报的信息，但 1210 出口模式下入区核放单表头的核放单类型为“二线进出区”，其他内容与 1210 进口模式下类似。

（二）货物运抵特殊区域

在报关企业做好申报货物入区的准备工作的同时，跨境电商企业安排货车将货物运往特殊区域。入区核放单申报成功后，货物就可进入特殊区域。

货物到达特殊区域通过卡口前，需要办理“车单关联”手续，就是将运输车辆、装载货物与入区核放单进行关联，方便特殊区域海关对货物进出进行监控和管理。车辆入区时，卡口凭入区核放单验放。

车辆通过卡口后，触发报关单结关和核注清单核扣。核放单由未过卡变为已过卡，核注清单由预核扣状态变为已核扣状态。单一窗口中的账册底账数据核增，第一次入区的商品会新增备案序号项，已有备案序号项的商品会直接核增底账数量。

（三）海关查验

入区的货物如果被海关布控查验，则货物运抵特殊区域后，海关在指定查验场所对货物进行查验作业，根据查验结果进行相应的处置。

（四）理货入库

货物入区以后，特殊区域海关直接放行或查验后放行。

海关放行后，场站公司进行理货，向海关发送理货报告，并将货物存入保税仓库。

货物进入保税仓库后，跨境电商企业可以申请退税。

三、出区通关

存入特殊区域的商品运往境外的物流方式有两种情况：小包裹和大货。小包裹是指电商企业把电商平台成交的每一个小包裹直接交物流企业运给境外的消费者个人；大货是指电商企业先把货物批量运往境外的海外仓，然后根据后续订单由海外仓直接配送给境外的消费者个人。

1210 出口模式下物流方式为小包裹时，出口通关的流程与 9610 出口模式类似，也需要申报电商清单信息，但监管方式为 1210 时，无须申报报关单。1210 出口模式下物流方式为大货时，因未产生电商订单，所以无须申报电商清单，出口通关的流程与后来出台的 9810 模式出口类似，需要申报报关单，但监管方式为 1210。

（一）电商清单申报

1210 出口模式下小包裹出口时需要申报电商清单。货物存入特殊区域的保税仓之后，电商企业在跨境电商平台销售货物，成交以后形成订单信息、运单信息和收款信息，分别由电商企业、物流企业、支付企业或其代理人将数据发送给海关，海关系统进行“三单对碰”通过后，由电商企业或其代理报关企业向海关申报电商清单，确认电商清单数据无误后向海关发送。

（二）核注清单（出口）申报

1210 出口模式下，货物出区前特殊区域的报关企业要先向海关申报保税核注清单（出口），核注清单商品项信息通过电商清单表体导入（小包裹出口）或其他方式录入（大货出口）。1210 出口业务与 1210 进口业务的出区核注清单填写内容比较见表 3-6。

表 3-6　不同业务的核注清单（出口）录入比较

核注清单栏目	1210 进口业务	1210 出口业务
清单类型	保税电商	
手（账）册编号	物流账册编号	
料件成品标志	料件	
监管方式	保税间货物	料件进出区
出境关别	（特殊区域海关）	（按实际填写）
运抵国（地区）	中国	（按实际填写）
运输方式	其他运输	（按实际填写）
报关标志	非报关	小包裹：非报关。大货：报关
报关类型	/	小包裹：/。大货：对应报关
报关单类型	/	小包裹：/。大货：出口报关单

（三）出境备案清单申报

1210 出口模式下物流方式为大货时，报关企业要申报报关单。核注清单被海关审核通过后，报关企业向海关申报《中华人民共和国海关出境货物备案清单》（特殊监管区域货物报关时以“备案清单”代替“报关单”，二者内容相同）。

与一般贸易项下“出境货物备案清单”内容相比，跨境电商 1210 模式货物出区的“出境货物备案清单”录入时需要注意以下几点内容：

（1）境内发货人、生产销售单位、申报单位可以是跨境电商企业或与其有业务代理关系的特殊监管区域供应链企业，也可以是其他报关企业。境外收货人可填写“NO”。

（2）备案号填写对应的物流账号编号。

（3）随附单证代码为保税核注清单的代码“a”，随附单证编号栏为对应的核注清单（出口）的编号。

（4）备注栏要注明“跨境电子商务”等。

1210 出口模式下，由于货物实际出境，因此出境关别、运输方式、贸易国、运抵国（地区）、指运港、离境口岸都按实际情况填写，境内货源地为货物所在的特殊区域。

（四）出区核放单申报

核注清单被海关放行后、货物出区前，报关企业填报货物运离特殊监管区域的出区“核放单”。

1210 出口模式下的货物出区核放单的填制与 1210 进口模式下基本相同，但 1210 出口模式下入区核放单表头的核放单类型为“一线一体化进出区”，其他内容与 1210 进口模式下类似。

（五）货物出区

保税仓库根据订单和运单信息，将同一目的地的零售货物集中在一起，贴快递单后进行打包，做好出运准备。如果货物被海关布控查验，则需要将货物进行过机查验，然后根据查验结果进行处置。

在保税仓库打包的同时，仓储企业在出区“核放单”被海关审核通过后办理“车单关联”，然后装载货物的车辆凭出区“核放单”出区运往机场或其他出境口岸。

货物到达机场或其他出境口岸后，口岸海关根据核注清单放行或查验，然后即可将货物运往境外。

1210 模式出口的货物如果有退货操作，其要求与 9610 模式出口的退货相同。

任务三　跨境电商 9710/9810 模式出口通关流程

根据海关总署公告 2020 年第 75 号（《关于开展跨境电子商务企业对企业出口监管试点的公告》），跨境电商企业对企业出口业务分“跨境电商 B2B 直接出口”（代码 9710）、“跨境电商出口海外仓”（代码 9810）两种监管方式。这两种监管方式的报关模式都有两种：清单申报模式、报关单申报模式。

跨境电商 9710/9810 方式下，报关单申报模式没有订单货值限制，但适合单票金额在 5 000元以上的订单，或涉证、涉检、涉税的货物，报关流程参照“一般贸易”（代码 0110）出口。由于清单申报模式参照 9610 出口模式办理，因此本书不再赘述，以下只详细介绍跨境电商 9710/9810 报关单申报模式的出口通关流程，如图 3－8 所示。

一、申报前作业

（一）海外仓备案

跨境电商企业、跨境电商平台企业、物流企业等参与跨境电商企业对企业出口业务的境内企业，应当依据海关报关单位注册登记有关规定在海关办理注册登记，并在跨境电商企业类型中勾选相应的企业类型；已办理注册登记而未勾选企业类型的，可在“中

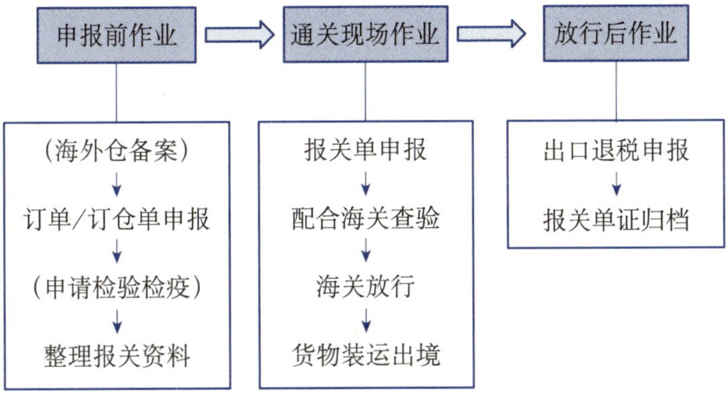

图 3-8　9710/9810 报关单申报模式出口通关流程

国国际贸易单一窗口”提交注册信息变更申请。

开展跨境电商出口海外仓业务（9810 模式）的企业，海关信用等级不能是失信企业，还应在海关办理出口海外仓业务模式备案。办理出口海外仓业务模式备案时，企业要提交跨境电商出口海外仓企业备案登记表（见表 3-7）和跨境电商海外仓信息登记表（见表 3-8），还要提供海外仓证明材料、海关认为需要的其他资料。

表 3-7　跨境电商出口海外仓企业备案登记表

企业名称		申请时间	
主管海关			
海关注册编码		统一社会信用代码	
企业法人		通信地址	
联系人		联系电话	
线上销售平台			
主要海外仓名称			
海外仓说明及随附资料	申请人签名　　年　月　日		
其他说明			
审核意见	年　月　日		
备注	年　月　日		

表 3-8　跨境电商海外仓信息登记表

企业名称		海关注册编码	
海外仓名称		面积（平方米）	
所在国家		所在城市	
海外仓地址		仓库性质	
线上销售平台			
备注			

海外仓证明材料包括海外仓所有权文件（自有海外仓）、海外仓租赁协议（租赁海外仓）、其他可证明海外仓使用的相关资料（如海外仓入库信息截图、海外仓货物境外线上销售相关信息）等。

（二）订单/订仓单申报

跨境电商企业对企业出口申报前，跨境电商企业或其委托的代理报关企业、境内跨境电商平台企业、物流企业通过“中国国际贸易单一窗口”开展系统接入及联调，确保在出口申报环节能按要求分别向海关传输交易订单/海外仓订仓单、物流信息等跨境贸易电子数据。

订单（9710 模式）/订仓单（9810 模式）的数据申报参照 9610 出口模式办理。订单/订仓单申报完成后，后续流程参照“一般贸易”（代码 0110）出口业务的监管要求办理。

（三）申请检验检疫

少数出口货物因为属于法定检验货物，所以需要在出口申报前申请检验检疫。申请检验检疫时，由报检企业在海关备案的报检人员办理报检手续，代理报检的，须向海关提供委托书。

1. 报检地点和时限

凡是实施出口检验检疫的货物，企业应在报关前向产地/组货地海关申请检验检疫（出口报检）。法定检验的出口商品未经检验或者经检验不合格的，不准出口。

出境货物最迟应在出口报关或装运前 7 天报检，对于个别检验检疫周期较长的货物，应留有相应的检验检疫时间。须进行隔离检疫的出境动物在出境前 60 天预报，隔离前 7 天报检。

2. 报检流程

企业向海关办理报检业务，应当遵守《中华人民共和国进出口商品检验法》《中华人民共和国进出口商品检验法实施条例》以及针对某类商品的专项管理政策。

（1）准备报检单证。

报检人员应根据货物的性质和海关有关规定，准备好报检需要的单证材料，并确认单证材料齐全、真实、有效。报检的基本单证包括外贸合同、发票、装箱单、厂检单等，必要时可能还需要提交规定的其他资料，例如：国家实施许可制度管理的货物，应提供有关证明；出境危险货物的，必须提供出境货物运输包装性能检验结果单及出境危险货物运输包装使用鉴定结果单。

（2）录入报检电子数据。

报检企业在单一窗口“出境检验检疫申请”功能模块录入报检数据，上传有关单证和资料的扫描件，暂存数据后打印出“出境货物检验检疫申请单”核对，见表 3－9。

申请出口检验检疫，一般只要求企业提供单证和资料的电子信息，企业保证电子化单证信息的真实性和有效性，并按规定保存相关纸质单证。海关监管过程中按照风险布控、签注作业等要求需要验核纸质单证的，申请人应当补充提交相关纸质单证。

表 3-9　出境货物检验检疫申请单

中华人民共和国海关
出境货物检验检疫申请
电子底账数据号

申请单位（加盖公章）　　　　　　　　　　　　　　＊编号＿＿＿＿＿＿＿＿
申请单位登记号：　　　　联系人　　　　电话　　　　　　申请日期

发货人	（中文） （外文）					
收货人	（中文） （外文）					
货物名称（中/外文）	HS 编码	产地	数/重量	货物总值	包装种类及数量	
运输工具名称		贸易方式		货物存放地点		
合同号		信用证号		用途		
发货日期		输往国家（地区）		许可证/审批号		
启运地		到达口岸		生产单位注册号		
集装箱规格、数量及号码						

合同、信用证订立的检验检疫条款或特殊要求	标记及号码	随附单据（划“√”或补填）	
		□合同 □信用证 □发票 □换证凭单 □装箱单 □厂检单	□包装性能结果单 □许可/审批文件 □ □ □ □

需要证书名称（划“√”或补填）		＊检验检疫费	
□品质证书　＿＿正＿＿副 □重量证书　＿＿正＿＿副 □数量证书　＿＿正＿＿副 □兽医卫生证书　＿＿正＿＿副 □健康证书　＿＿正＿＿副 □卫生证书　＿＿正＿＿副 □动物卫生证书　＿＿正＿＿副	□植物检疫证书　＿＿正＿＿副 □熏蒸/消毒证书　＿＿正＿＿副 □电子底账　1 正 □ □ □ □	总金额 （人民币）	
		计费人	
		收费人	

申请人郑重声明：	领取证书	
1. 本人被授权申请检验检疫。 2. 上列填写内容正确属实，货物无伪造或冒用他人的厂名、标志、认证标志，并承担货物质量责任。 签名：	日期	
	签名	

注：有“＊”号栏由海关填写

（3）海关受理报检。

海关对报检企业提交的材料进行审核。申报信息经系统审核校验通过的，由系统自动受理。若申报信息不符合要求，那么报检人员应当按照海关要求修改数据后重新申报。海关成功受理报检后，报检人员可通过系统打印出纸质报检单。

（4）抽样、检验。

海关检验部门根据不同的货物形态，采取随机取样方式抽取样品。报检企业应提供存货地点情况，并配合海关检验人员做好抽样工作。海关检验部门可以使用从感官到化学分析、仪器分析等各种技术手段对出口商品进行检验。

（5）建立电子底账，签发证书。

海关检验部门对检验合格的商品建立电子底账，向企业反馈电子底账数据号。企业报关时应在报关单“随附单证”栏填写电子底账数据号，办理出口通关手续。

报检企业申请出证的，海关实施检验检疫监管后签发相应的检验证书。

（四）整理报关资料

我国境内发货人一般委托专业报关行代理报关。报关行在报关之前，需要签订代理报关协议，整理委托方提交的报关资料，以便做好报关的准备工作。

1. 接单

（1）签订委托报关协议。

报关企业可以代理跨境电商企业从事报关工作，包括：填单申报；申请、联系和配合实施检验检疫；辅助查验；代缴税款；设立手册（账册）；核销手册（账册）；领取海关相关单证；其他。报关企业代理报关业务需要向海关提交电子委托报关协议或纸质委托报关协议。

在办理委托时，双方都需要注意核实对方的海关信用等级。因为当双方适用的信用等级不同时，海关采用“从低”原则，所以跨境电商企业应尽量寻找高级认证企业代理报关，这样既可提高通关效率，又可降低业务风险。

（2）签收报关资料。

在签收委托方提供的报关资料时，报关企业应安排专人签署，并做好资料的登记工作，做好内部工作交接。

2. 理单

（1）确认货物及贸易信息。

报关人员应确认货物信息完整，以便确认货物的 HS 编码和申报要素。若货物信息不全，报关人员应根据实际需要催促委托方及时补充。若是法定检验出口货物，报关人员还需要核实报检电子底账数据编号。在涉及知识产权保护的货物时，报关人员还需要委托方提供知识产权授权书。

除货物信息外，报关人员还需要核实相关贸易信息，如外贸企业是否需要退税、成交方式及运保费金额、境内货源地等，以帮助外贸企业设计合适的监管方式。

（2）检查报关资料。

一般代理报关都是直接代理的性质，报关行以委托人的名义进行报关。根据《海关法》规定，委托人要对报关资料的真实性负责，报关行的主要义务是“合理审查”。如果未尽“合理审查”义务导致申报违规，报关行将承担相应的责任。在理单环节，报关行必须检查报关资料是否合格，合格的标准是齐全、有效、一致。

“齐全”是指单证资料的种类、单证的内容是否符合报关要求。报关所需的单证可以分为报关单和随附单证两大类。随附单证包括基本单证和特殊单证两种，基本单证包括出口装货单据、贸易合同、商业发票、装箱单等，特殊单证包括原产地证明等。

“有效”是指相关的证明、许可证件、批件等的抬头是否与其他单据的抬头一致，是否在有效期之内使用，是否符合法律法规的规定。

“一致”是指报关人员应检查报关资料的内容，做到各资料之间“单单一致”“单证一致”。“单单一致”是指报关单的数据与其他报关资料的数据要一致，“单证一致”是指报关单数据与许可证件的数据一致。在有实物样品的情况下，报关人员还需要核对“单货一致”，即报关资料与实物保持一致。若发现资料内容互相矛盾，报关人员应催促委托方及时修正并确认。

3. 制单和复核

制单和复核的内容，详见本书项目四任务三（跨境电商报关单填制）的相关内容。

二、通关现场作业

（一）报关单申报

1. 登录申报平台

跨境电商企业对企业出口业务的报关单申报平台为“中国国际贸易单一窗口”。

在“中国国际贸易单一窗口”网站系统中选择“货物申报”并登录后可进行数据的录入、导入、保存、查询、打印、上传单据、申报等。“中国国际贸易单一窗口”的货物申报入口如图 3－9 所示。

2. 电子申报

进入“单一窗口”的出口报关单录入界面后，逐项录入报关单的内容，如图 3－10 所示。报关单填制要求请参见本书项目四任务三（跨境电商报关单填制）部分。

报关企业可在进出口货物到达海关监管场所后发送完整的报关单数据，也可根据海关规定在确认舱单数据已向海关申报后、货物运抵前向海关提前申报。

3. 查看报关单回执状态

在报关单位发送报关单之后，海关通关作业管理系统对报关单进行规范性、逻辑性

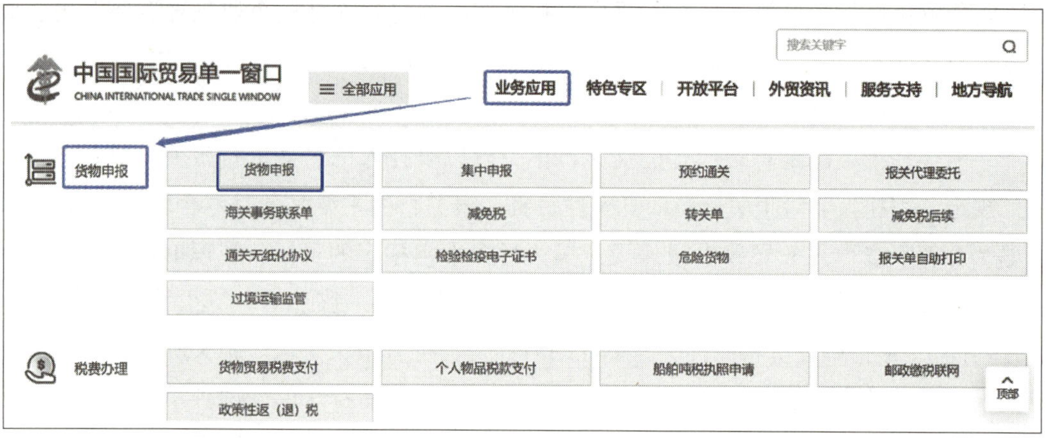

图 3－9　中国国际贸易单一窗口

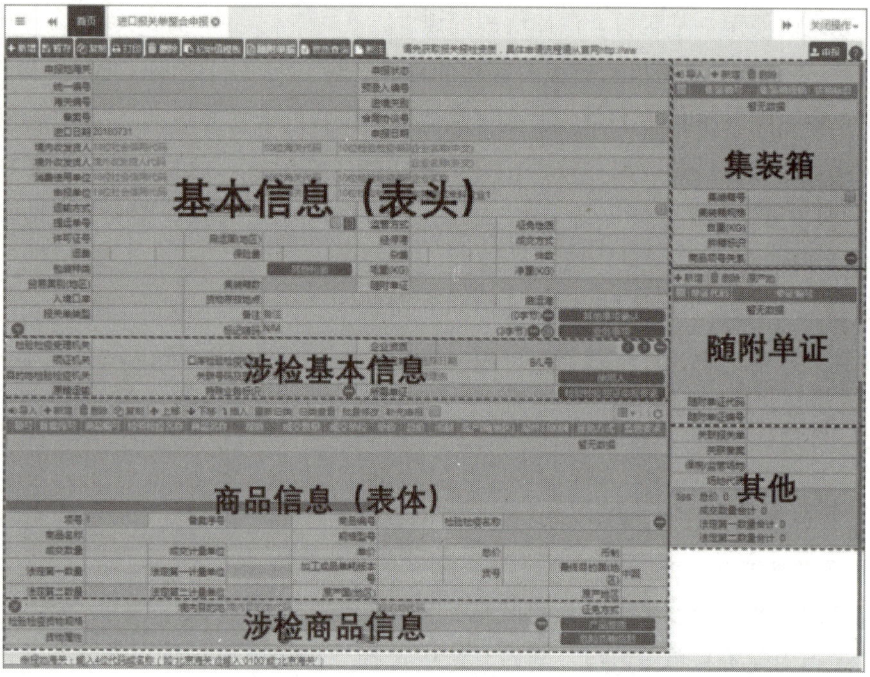

图 3－10　“单一窗口”货物申报数据录入界面

检查，对舱单、许可证件、电子备案信息等进行核注。对于符合条件的，海关接受申报，向企业发送接受申报回执；对于不符合条件的，系统自动退单，发送退单回执。报关单回执查看界面如图 3－11 所示。

对于海关已接受的报关单，企业要注意跟踪查询报关单回执状态，包括“海关入库成功”“海关退单”“通关无纸化审结”“海关已放行”“查验通知书”等。收发货人可通过“互联网＋海关”一体化网上办事服务平台、“掌上海关”App、“掌上海关”微信小程序订阅本企业申报报关单回执数据。

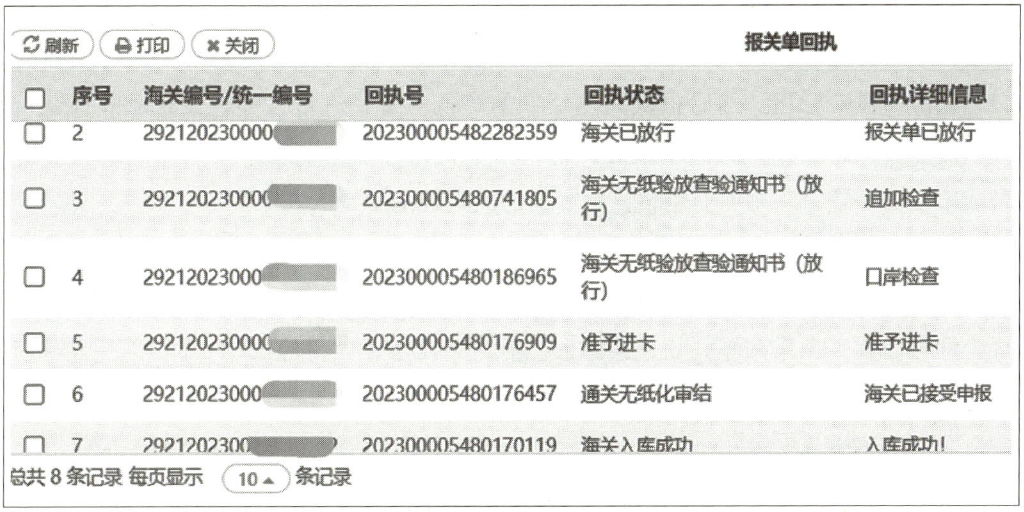

刷新　打印　关闭　　报关单回执

序号	海关编号/统一编号	回执号	回执状态	回执详细信息
2	292120230000[redacted]	202300005482282359	海关已放行	报关单已放行
3	292120230000[redacted]	202300005480741805	海关无纸验放查验通知书（放行）	追加检查
4	29212023000[redacted]	202300005480186965	海关无纸验放查验通知书（放行）	口岸检查
5	292120230000[redacted]	202300005480176909	准予进卡	准予进卡
6	29212023000[redacted]	202300005480176457	通关无纸化审结	海关已接受申报
7	2921202300[redacted]	202300005480170119	海关入库成功	入库成功!

总共 8 条记录 每页显示 10 条记录

图 3-11　“单一窗口”报关单回执查看界面

（二）配合海关查验

报关单发送后，如果有错误或查验后需要修改，企业可以向海关申请修改或撤销报关单，企业根据《中华人民共和国海关进出口货物报关单修改和撤销管理办法》的规定办理。

修改或撤销申报时，企业必须提交“进出口货物报关单修改/撤销申请表”和海关要求针对不同情形的证明材料等。由于报关人员操作或者书写失误造成申报内容需要修改或者撤销的，当事人应当向海关提交“进出口货物报关单修改/撤销表”，并提供反映进出口货物实际情况的合同、发票、装箱单、提运单或者载货清单等相关单证，以及详细情况说明和相关证明材料。

报关单审核通过后，货物可能被海关直接放行，也可能遇到海关查验。

海关查验是指海关为确定进出口货物收发货人向海关申报的内容是否与货物的真实情况相符，或者为确定商品的归类、价格、原产地等，依法对货物进行实际核查的行政执法行为。出口报关单申报成功后，被海关风险防控中心布控查验指令命中的报关单，由口岸海关现场查验人员实施查验操作，报关单位应配合完成。

在配合查验阶段，报关工作内容包括接收查验通知、确定查验时间和查验地点、配合海关查验、确认查验结果等。

1. 海关查验原因

海关查验需要消耗一定的时间，如果货物存在申报问题，查验关员会将货物转海关其他岗位进一步处置，会影响进出口货物的正常运转。因此，进出口货物的收发货人都不愿意遇到查验，但海关会设置一定的查验率。以下两种原因会导致货物被海关查验：

（1）计算机随机布控。

海关查验占比例数最多的一个因素是计算机随机布控查验。海关对一段时期内的进出口货物进行风险分析，然后根据风险级别的高低对货物进行分类，设置风险参数，风险参数高的商品布控查验的概率就高。这个是随机布控，但如果某类商品出现较多违规事件或申报错误较多，海关会调整该类商品的风险级别。

（2）现场人工审单布控。

海关的审单、征税、查验、放行等环节的关员在审核申报单据时对进出口货物存有疑虑，即可由人工操作在海关业务操作系统下达布控指令。另外，缉私部门接到情报时，也会向海关业务现场要求人工布控。

2. 接收查验通知

有海关查验时，进入“单一窗口”的货物申报模块后会在首页提醒。当在“单一窗口”系统中查询报关状态时，也能看到“查验通知”。海关在决定对某批申报的货物进行查验时，会通过系统向相关单位发出查验指令，存放集装箱的海关监管场所收到查验指令后安排调取货柜，送达专门的查验场所后通知海关货柜已到场，这样海关就可以派单查验了。报关企业在“单一窗口”可打印出“口岸检查通知”，核实查验口岸、检查类型和查验方式，如图 3－12 所示。

口岸检查通知

报关代理有限公司

你单位申报的报关单号，经审核现决定实施口岸检查，请联系港务等相关部门做好准备，并派员至舟关金塘配合海关实施口岸检查。

特此通知

报关单号： 29212023000	**提运单号：** 28B	**运输工具：** CMA CGM ROSSINI
检查关区： 2942舟关金塘	**检查类型：** 查验	
查验集装箱号： MSKU9	**查验方式：** 机检	
其他提示：		

图 3－12　海关查验通知书样式

3. 向海关申请安排查验计划

收到海关“口岸检查通知”以后，报关企业凭通知向查验地海关申请安排查验计划，确定查验时间。与存放货物的堆场联系落实查验货物已经到达查验场所。此外，关检融合后，如果货物同时需要报检，那么查验与检验可以一次完成，即“查检合一”。

（1）准备好查验资料。报关企业在收到“口岸检查通知”后会要求收发货人准备好海关查验时可能需要的相关资料，包括提运单、合同、商业发票、装箱单、装箱示意图。如果收发货人有特殊要求或货物有特殊情况的，应及时主动告知海关。

（2）查验时间。申报人在签收海关“口岸检查通知”时，应向海关约定查验的时间。查验时间一般约定在海关正常工作时间内，通常是在通知查验的第 2 天。但是在一些进出口业务繁忙的口岸，海关也可应进出口货物的收发货人或其代理人的要求，在海关正常工作时间以外安排查验作业。

（3）查验地点。查验地点在海关发送的“口岸检查通知”中有说明，一般在海关监管区内的专门查验场所。但如果因货物易受温度、静电、粉尘等自然因素影响，不宜在海关监管区内实施查验，或者因其他特殊原因需要在海关监管区外实施查验的，经货物的收发货人或其代理人申请，海关可派员到海关监管区以外的地方查验货物，但要按规定收取费用。

4. 配合查验

在现场海关发出派单查验的任务后，报关人员应及时联系查验关员（一般有两位关员，计算机系统自动派单），陪同查验关员一起到现场办理查验工作，并做好如下工作：

（1）负责按照海关要求搬移货物、开拆包装，以及重新封装货物；

（2）预先了解和熟悉所申报货物的情况，如实回答查验人员的询问及提供必要的资料；

（3）协助海关提取需要作进一步检验、化验或鉴定的货样，收取海关出具的取样清单；

（4）查验结束后，认真阅读查验关员填写的“海关进出境货物查验记录单”；

（5）查验后向查验关员提供查验堆场提供的新铅封，供关员重新施封。

海关查验方式为彻底查验或抽查，查验方法为人工查验和设备查验。人工查验时，海关可以只查验外形，也可以开箱查验。

海关查验后，如果查验记录准确清楚、对查验结论没有异议，那么配合查验的报关人员审阅后应立即签名确认。如果报关人员不签名，则由海关查验人员在查验记录中予以注明，并由货物监管场所经营人签名证明。

进出口收发货人对海关查验结论有异议时，可提出复验要求，经海关同意后，海关可以对已查验货物进行复验，即第二次查验。此外，海关认为有必要时也可以实施复验。

经海关通知查验，进出口货物收发货人或其代理人届时如果未到场或进出口货物有违法嫌疑，海关可以“径行开验”。

5. 支付海关查验产生的费用

海关查验是会产生一些额外费用的，但这些费用不是海关收取的，而是码头收取的吊柜费、拆柜费等费用，因为有海关查验才有此费用，所以码头一般把这些费用称为海关查验费。这些查验费是由境内收发货人承担的，由报关企业垫付后向收发货人收取。

（三）海关放行

海关现场放行是指海关接受出口货物的申报，审核电子数据报关单或纸质报关单及随附单证（被布控查验的货物在查验货物无异常以后），对出口货物做出结束海关进出境现场监管决定，允许出口货物装运出境的工作环节。企业通过“互联网+海关”办事平台或“单一窗口”中的“查询统计”功能查询获知海关放行信息之后，就可以安排装运货物了。

（四）货物装运出境

在“无纸通关”模式下，海关放行后，出口货物的发货人或其代理人从“单一窗口”系统上自行打印海关通知放行的凭证（海关放行通知书，如图 3－13 所示），连同出口货物装货凭证（如装货单）一起，凭以将出口货物装运到运输工具上离境。

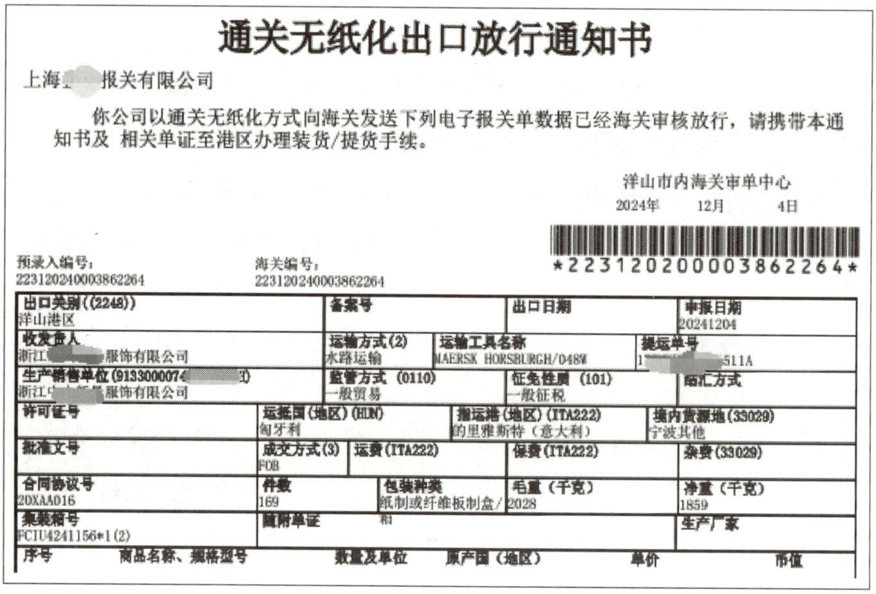

通关无纸化出口放行通知书

上海[illegible]报关有限公司

你公司以通关无纸化方式向海关发送下列电子报关单数据已经海关审核放行，请携带本通知书及 相关单证至港区办理装货/提货手续。

洋山市内海关审单中心

2024年 12月 4日

223120200003862264

预录入编号：223120240003862264　　海关编号：223120240003862264

出口关别((2248)) 洋山港区	备案号	出口日期	申报日期 20241204
收发货人 浙江[illegible]服饰有限公司	运输方式(2) 水路运输；运输工具名称 MAERSK HORSBURGH/048W	提运单号 1[illegible]511A	
生产销售单位(9133000074[illegible]) 浙江[illegible]服饰有限公司	监管方式 (0110) 一般贸易	征免性质 (101) 一般征税	结汇方式
许可证号	运抵国(地区)(HUN) 匈牙利	指运港(地区)(ITA222) 的里雅斯特（意大利）	境内货源地(33029) 宁波其他
批准文号	成交方式(3) FOB；运费(ITA222)	保费(ITA222)	杂费(33029)
合同协议号 20XAA016	件数 169；包装种类 纸制或纤维板制盒/箱	毛重（千克）2028	净重（千克）1859
集装箱号 FCIU4241156*1(2)	随附单证		生产厂家

序号	商品名称、规格型号	数量及单位	原产国（地区）	单价	币值

图 3－13　通关无纸化出口放行通知书

三、放行后作业

（一）出口退税申报

对于 9710 或 9810 模式出口，企业往往不申请退税。首次出口退税申报时要注意，只有具备一般纳税人资格并且已完成出口退（免）税备案登记的企业才可以进行出口退（免）税申报，小规模纳税人企业无法申请出口退税。

跨境电商企业对企业出口业务中，电商企业可以分为生产型和贸易型两种，退税制度和申报手续略有不同。

生产企业出口退税，实行“免、抵、退”税管理办法。“免”税，是指对生产企业出口的自产货物，免征企业生产销售环节的增值税；“抵”税，是指生产企业出口的自产货物所耗用原材料、零部件等应予退还的进项税额，抵顶内销货物的应纳税款；“退”税，是指生产企业出口的自产货物在当期内因应抵顶的进项税额大于应纳税额而未抵顶完的税额，经主管退税机关批准后，予以退税。

外贸企业出口退税，指不具有生产能力的外贸企业出口货物，免征增值税，相应的进项税额予以退还。申报出口退税业务的外贸企业，需要凭出口结关报关单以及对应的供货商开具的增值税专用发票，采集相关数据向税务局进行申报。

生产企业和外贸企业在单一窗口的退税操作略有不同，以下仅以外贸企业为例进行介绍。单一窗口出口退税（外贸版）系统中，企业申报退税的工作流程如下：

1. 退税数据采集

出口退税（外贸版）系统的“退税数据采集”模块包括“报关单采集”“发票采集”“数据匹配”三个功能模块。企业需要在“报关单采集”“发票采集”中分别采集报关单信息和进项增值税发票信息，并在“数据匹配”中将退税所用的出口报关单和对应的进项增值税专用发票进行智能配单。

2. 退税数据管理

出口退税（外贸版）系统的“退税数据管理”模块包括“申报数据明细管理”“待申报数据管理”“申报数据自检管理”“自检结果查询”“确认申报数据管理”五个功能模块。

（1）生成待申报数据。

已经在“退税数据采集”的“数据匹配”模块中匹配完成的数据会自动显示在“申报数据明细管理”模块的数据列表中，系统自动将出口报关单的货物与每个货物对应的发票进行关联，然后组织成为出口货物明细表、进货明细表及汇总表。企业点击“生成待申报”按钮将出口货物明细表、进货明细表及汇总表生成待申报数据。

（2）待申报数据自检。

在“待申报数据管理”功能模块，企业可以对申报数据进行二次确认、批次合并、批次修改、关联号重排以及序号重排等操作，数据确认无误后点击“转入申报”按钮可以将申报数据转入“申报数据自检管理”功能模块进行数据自检操作。

在“申报数据自检管理”功能模块，企业勾选要申报的数据并点击“远程自检”按钮，系统将数据上传至国税审核系统进行远程自检。

（3）正式申报。

税务局在接收到企业申报的自检数据后，会把审核结果发送到“单一窗口”，“单一窗口”在接收到审批结果后会读入企业自检数据中的疑点，通过远程自检的数据可以直接转为正式申报。对于有疑点的数据，企业在修改完成后重新进行远程自检，通过远程自检后确认申报即可。

在“单一窗口”确认正式申报后，税务局即可接收企业的正式申报数据。

（二）报关单证归档

跨境电商企业在通关过程中及报关单结关后，应将报关单及随附单证资料进行归档。应列入企业保管的报关单及随附单证范围如下：

（1）进出口报关单和进出境备案清单。

（2）《中华人民共和国海关进出口货物申报管理规定》（海关总署令第103号）第二十七条明确的单证，包括：合同、发票、装箱清单、载货清单（舱单）、提（运）单、报关委托书/委托报关协议、进出口许可证件等随附单证。

（3）其他应随报关单归档的单证。

案例分享

出口货物未报检案

【案情简介】

根据北仑海关行政处罚决定书甬北关检罚字〔2023〕0119号公告，义乌YN贸易公司以市场采购方式向海关申报出口一批保温杯、塑料杯、打气筒等货物。经海关查验，货物实际为保温杯、香水、发油等，其中香水、发油等货物未申报，分别应归入商品编码3303000010、3305900000等。经检测，该批香水系《危险化学品目录》（2015版）列明的危险化学品，价值人民币201 080元。另经检测，该批发油属于危险货物，但当事人无法提供该批货物的出境危险货物运输包装使用鉴定结果单。经核，该批发油价值人民币12 000元。

海关根据《中华人民共和国进出口商品检验法》第三十二条、《中华人民共和国进出口商品检验法实施条例》第四十五条第一款之规定，对当事人出口香水未报检的行为科处罚款人民币24 120元。

海关根据《中华人民共和国进出口商品检验法实施条例》第五十条第一款之规定，决定对当事人出口发油包装容器未经海关使用鉴定的行为科处罚款人民币1 440元。

【案例分析】

上述案例的当事人有两项违规行为，分别是香水应检未检、发油缺少监管证件。

危险化学品属于需要进行法定检验的出口商品，当事人对上述货物不予报检，逃避出口商品检验，构成了违规行为，海关有权按货值金额5%以上20%以下对当事人罚款。企业出口货物应检未检行为构成犯罪的，会被依法追究刑事责任。

根据《危险化学品安全管理条例》，对危险化学品的生产、储存、使用、经营、运输实施安全监督管理的有关部门依照规定履行各自职责，其中质量监督检验检疫部门负责核发危险化学品及其包装物、容器生产企业的工业产品生产许可证，并依法对其产品质量实施监督，负责对进出口危险化学品及其包装实施检验。出口危险品货物的企业报关前应事先取得出境危险货物运输包装使用鉴定结果单，否则将面临可能被海关处商品货值金额10%以上50%以下罚款的风险。

资料来源：中华人民共和国北仑海关行政处罚决定书甬北关检罚字〔2023〕0119号.（2023-12-21）[2024-08-20]. http://ningbo.customs.gov.cn/ningbo_customs/470752/2881004/470781/3385862/5584527/index.html.

【案例启示】

以市场采购方式向海关申报的货物一般种类繁多，出口企业应注意辨别、核实出口货物是否涉及监管证件要求，同时注意如实申报所有货物，不得为了逃避商检或监管证件而少报、伪报品名或税号。如果个别货物涉及检验检疫或监管证件要求，应提前办理商检或申领监管证件，或者合理规划出口货物的经营范围，做到诚实守信、守法合规。

操作示范

一、数据接收与审核

客户根据浙江RY企业服务有限公司数据申报系统要求的数据模板制作好表格资料（见表3-10），通过聊天软件或邮件的方式提供了一票空运出口的信息，该批货物出口空运提单号为86001498475，涉及总计5 044条运单的数据信息。该票货物将在2024年11月27日由某货运飞机从杭州萧山机场起飞，运送到菲律宾。浙江RY企业服务有限公司操作人员经审核，确认客户提供的表格数据无误。

表3-10　9610出口申报数据明细表

客户编号	序号	订单号	物流单号	毛重	指运港代码	运费	运费标志	保费	保费标志	HS编码	商品名称	型号	数量	重量	单价	运抵国	空运提单号	ATC袋号	运输工具	航班航次号	签收人	市	地址	签收人电话	寄件人	寄件公司	生产销售企业代码	生产销售企业名称	电商交易平台

二、数据推送

浙江 RY 企业服务有限公司申报数据的过程如下：

步骤一：导入数据。浙江 RY 企业服务有限公司操作人员登录申报系统，将拟申报的客户数据导入系统，系统按空运提单编号生成数据列表，同时显示同一空运提单涉及的订单数量，如图 3－14 所示。

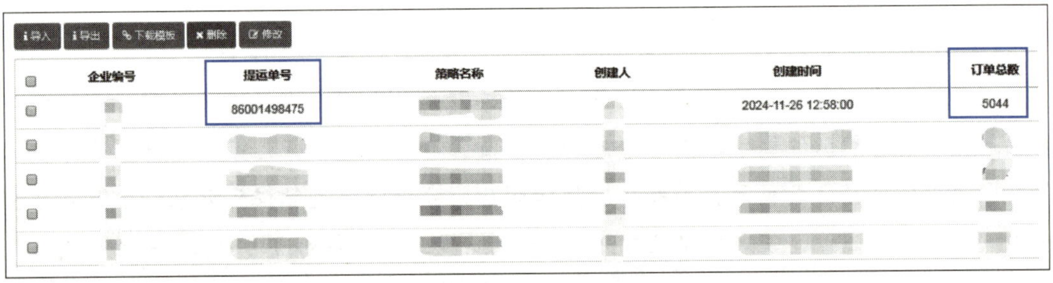

图 3－14　数据导入后的列表界面

步骤二：生成推送数据。资料导入系统后，查看该条数据的数据详情，包括对应的航班航次号，如图 3－15 所示，然后在详情页面选择正确航班出口日期后，可“生成推送数据”。

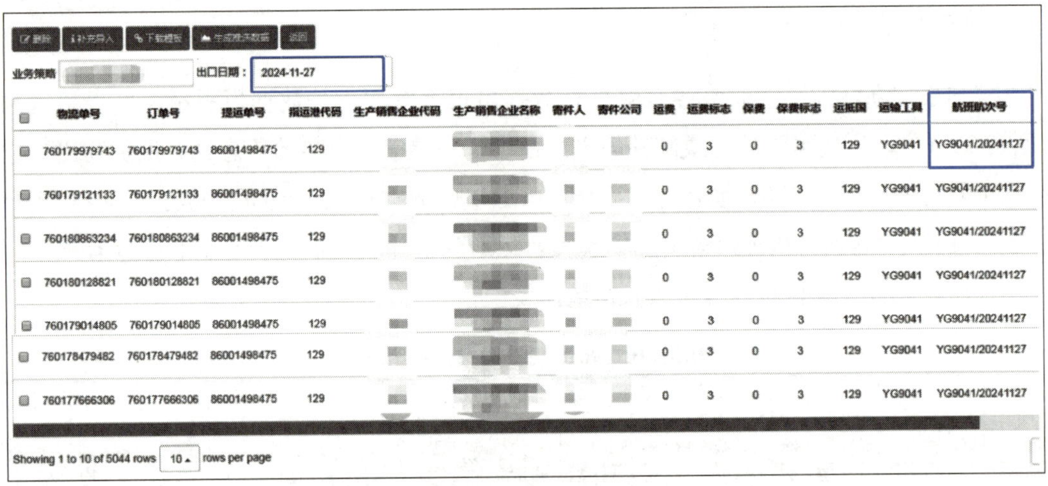

图 3－15　数据详情界面

步骤三：推送订单和运单数据。在待推送数据界面，选中该批商品对应的提运单号（主单号），进行“订单推送”和“运单推送”，如图 3－16 所示。

步骤四：推送清单。在推送的订单、运单同时收到海关总署的入库成功回执后进行“清单推送”，得到对应清单编号，且进度条变成蓝色，表示清单全部审核通过，如图 3－17 所示。

步骤五：通知物流企业在货物运抵杭州萧山机场货站后通过“跨境电商场站辅助管理系统”进行货物运抵申报，如图 3－18 所示。

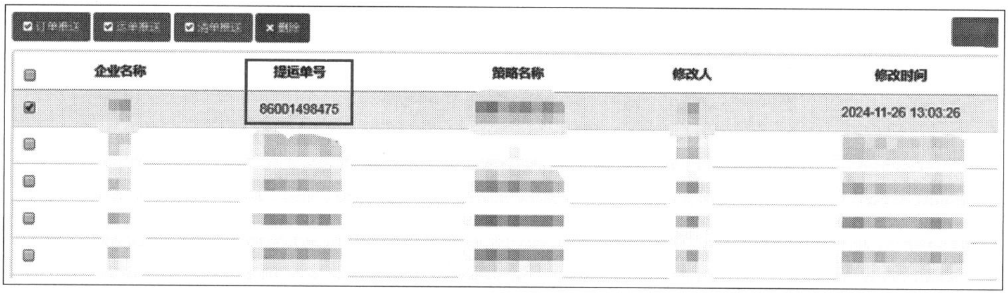

图 3－16　数据推送界面

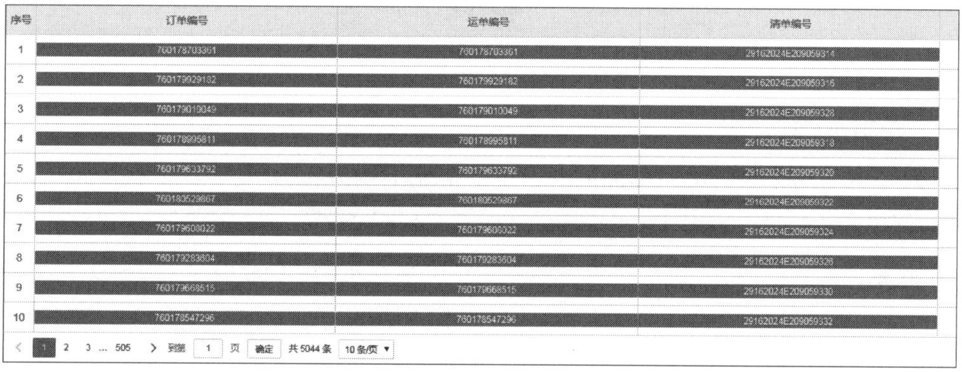

图 3－17　清单数据完成界面

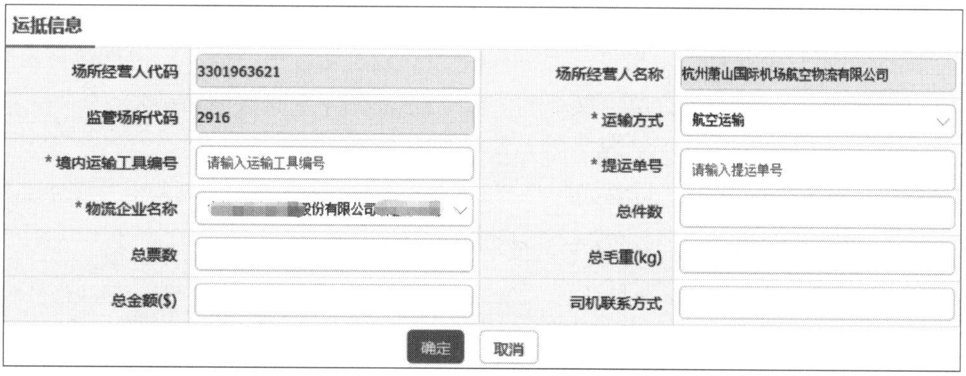

图 3－18　运抵单申报界面

步骤六：运抵申报审核通过后，浙江 RY 企业服务有限公司操作人员进行总分单推送（如图 3－19 所示），得到最终“海关放行”的回执（如图 3－20 所示）。

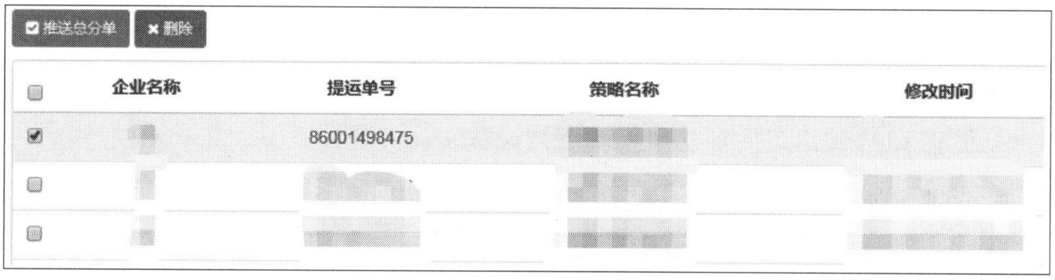

图 3－19　推送总分单界面

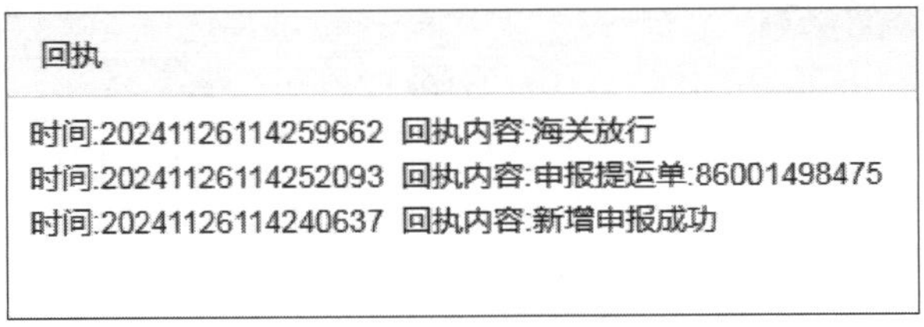

图 3-20　总分单回执界面

能力训练

一、单项选择题

1. 跨境电子商务零售出口商品的“三单”信息不包括(　　)。

A. 订单　　B. 运单

C. 收款单　　D. 运抵单

2. 下列 9610 模式出口业务单证中，不是由跨境电商企业或其代理人向海关申报的是(　　)。

A. 出口清单　　B. 电子订单　　C. 离境单　　D. 清单总分单

3. 关于跨境电商零售出口业务的清单申报，以下说法正确的是(　　)。

A. 必须由电商企业自己申报　　B. 先推送订单、运单，再推送清单

C. 先推送清单，再推送订单、运单　　D. 必须手工录入清单数据

4. 9610 模式出口的清单与订单、运单的数量比关系为(　　)。

A. $1:1:1$　　B. $N:1:1$　　C. $1:1:N$　　D. $1:N:N$

5. 下列 9610 模式出口业务单证中，最早向海关申报的是(　　)。

A. 订单　　B. 运抵单　　C. 清单　　D. 清单总分单

6. 下列 9610 模式出口业务单证中，最后向海关申报的是(　　)。

A. 运单　　B. 离境单　　C. 清单　　D. 清单总分单

7. 9610 模式出口的清单与清单总分单、航空运单的数量对应关系为(　　)。

A. $1:1:1$　　B. $N:1:1$　　C. $1:1:N$　　D. $1:N:N$

8. 9610 模式出口货物运抵机场监管场所后，监管场所经营企业通过跨境电商场站辅助管理系统向海关发送跨境货物的(　　)信息。

A. 物流运单　　B. 航空运单　　C. 运抵单　　D. 清单总分单

9. 关于 9610 模式出口的汇总申报，下列说法错误的是(　　)。

A. 电商企业必须办理汇总申报

B. 企业在海关放行货物后一个月内进行汇总申报

C. 汇总申请单与汇总结果单的对应关系为 $1:N$

D. 汇总结果单与汇总报关单的对应关系为 1∶1

10. 以下关于跨境电商 B2C 特殊区域出口模式的说法中错误的是（　　）。

A. 需要向海关申请适用于特殊区域的物流账册

B. 货物入区前可能要办理商品检验检疫手续

C. 货物入区前要申报进口货物报关单

D. 货物入区前要申报保税核注清单

11. 以下关于跨境电商 1210 模式货物入区的出口报关单的填制正确的是（　　）。

A. 境外收货人填写实际的境外企业名称

B. 备案号填写物流账册编号

C. 随附单证代码为保税核注清单的代码“A”

D. 申报单位可以是代理报关企业

12. 关于跨境电商企业对企业出口业务的说法中错误的是（　　）。

A. 分“跨境电商 B2B 直接出口”“跨境电商出口海外仓”两种监管方式

B. 监管方式“跨境电商 B2B 直接出口”的代码为 9710

C. 监管方式“跨境电商出口海外仓”的代码为 9710

D. 报关模式有两种：清单申报模式、报关单申报模式

13. 关于 9710 模式的出口报检业务，以下说法错误的是（　　）。

A. 法定检验的出口商品未经检验或者经检验不合格的不准出口

B. 出境货物最迟应在出口报关或装运前 7 天报检

C. 海关检验部门对检验合格的商品签发“出口放行通知书”

D. 申请出口检验检疫在“单一窗口”录入报检数据

14. 关于 9810 模式的出口报关业务，以下说法错误的是（　　）。

A. 代理报关时必须签订委托报关协议

B. 报关企业检查报关资料是否合格的标准是齐全、有效、一致

C. 报关单申报平台为“单一窗口”

D. 企业发送报关单之后，海关系统自动接受申报

15. 关于海关查验，以下说法错误的是（　　）。

A. 企业的海关信用等级越高，查验率越低

B. 海关查验占比例数最多的是人工布控查验

C. 如果对查验结论没有异议，配合查验的报关人员审阅后应签名确认

D. 配合查验的报关人员负责按照海关要求搬移货物、开拆包装，以及重新封装货物

二、操作题

苏州 AAA 电子商务有限公司以 1210 模式经营跨境电商出口业务，其子公司苏州 AAA 供应链管理有限公司为苏州高新区保税物流中心（B 型）的仓储企业，兼营报关业

务，有编号为 L2350W000023 的物流账册。保税物流中心的主管海关简称苏高物流。2024 年 1 月 20 日，苏州 AAA 电子商务有限公司有一批货物运入保税物流中心。该批货物在 2024 年 1 月 29 日在电商平台完成了销售，公司以小包裹的形式通过浦东机场运往中国香港交付给当地消费者。

1. 根据贸易背景资料，填写入区通关业务单证的部分内容（见表 3－11）。

表 3－11　出口 1210 模式入区通关业务单证（部分内容）

保税核注清单（进口）部分内容		出口报关单部分内容	
清单编号	QD235021I00003326	境内发货人	
手（账）册编号		境外收货人	
料件成品标志		出境关别	
清单类型		备案号	
进境关别		监管方式	
主管海关		征免性质	
启运国（地区）		征免	
监管方式		贸易国（地区）	
运输方式		随附单证代码	
报关标志		随附单证编号	

2. 根据贸易背景资料，填写核注清单（出口）的部分内容（见表 3－12）。

表 3－12　出口 1210 模式出区核注清单（出口）（部分内容）

保税核注清单（出口）部分内容	
清单编号	QD235021E00000372
手（账）册编号	
料件成品标志	
清单类型	
出境关别	
主管海关	
运抵国（地区）	
监管方式	
运输方式	
报关标志	

三、方案设计题

浙江方兴服饰有限公司在阿里巴巴国际平台经营服装出口业务，获悉国家跨境电商出口鼓励政策后，准备以 9710 模式申报出口一批机织丝制女裙（HS 编码为 6204591010），该批货物总值 4 080 美元，请为该公司设计该批女裙的出口关务操作方案。

项目四
跨境电商关务技能

与一般贸易相比，跨境电商的“三单”和清单的申报数据由系统自动生成或批量导入，无须人工录入，因此本书没有介绍“三单”和清单的填制规范。在跨境电商进出口通关业务中，涉及进口商品备案、进口税费筹划，以及进出特殊区域的核注清单、报关单、核放单申报。上述操作基本通过人工录入，需要跨境电商关务人员掌握进出口商品归类、税费计算、报关单填制的技能。本项目按关务技能的类别依次进行介绍。

学习目标

[知识目标]

1. 了解《商品名称及编码协调制度》的内容和HS编码的查询途径，熟悉《中华人民共和国进出口税则》的内容和归类工作的依据，熟悉归类总规则的内容，掌握商品归类的基本方法。

2. 熟悉跨境电商零售进口货物和行邮物品进口的税收政策。

3. 熟悉跨境贸易报关单的填制规范。

[能力目标]

1. 能对进出口的商品进行简单归类。

2. 能计算跨境贸易的进口税费。

3. 能填制跨境贸易进口报关单和出口报关单。

[素养目标]

通过理论知识学习和操作技能训练，培养诚实守信的职业品格和守法自律观念、社会责任担当意识，养成爱岗敬业、严谨细致的工作作风。

项目导入

浙江方兴服饰有限公司（统一社会信用代码为91330000772741234N）在电商平台成交了一笔服装出口的业务，准备以9710模式办理出口报关手续。该批货物拟通过上海外港海关（2225）口岸出境，委托上海丰丰报关有限公司（统一社会信用代码为91310000607346789A）代理报关。

项目任务：

(1) 整理贸易单据。

(2) 核实商品编码，确定申报要素。

(3) 根据贸易单据填制出口货物报关单。

工作
任务

任务一　进出口商品归类

跨境电商进口业务的商品备案环节需要核对正面清单，核对正面清单的关键是确定商品的HS编码，也就是商品归类。此外，计算跨境电商进口税的基础是确定税率，而确定税率的前提是确定商品的HS编码。因此，商品归类技能是跨境电商关务人员必须掌握的技能之一。

一、《商品名称及编码协调制度》

（一）《商品名称及编码协调制度》的基本结构

海关合作理事会（现世界海关组织）于1983年制订了《商品名称及编码协调制度的国际公约》，用以协调国际上多种商品分类目录。该公约于1992年1月1日起对我国生效。该公约附件《商品名称及编码协调制度》简称《协调制度》或HS，被广泛用于海关税则、国际贸易统计、原产地规则、贸易管制等多个领域。

《协调制度》分为21类97章，每一章（编码前2位数字）由若干品目（编码前4位数字）构成，品目下又设子目（编码第5～8位数字）。为避免各品目和子目所列商品发生交叉归类，在类和章下加有类注、章注和子目注释。

从“类”的排列来看，《协调制度》基本上是按社会生产的分工来对商品进行分“类”的。

从“章”的排列来看，《协调制度》基本上按照商品的自然属性或功能、用途来划分。

从“品目”的排列看，《协调制度》一般是按照原材料先于成品、加工程度低的产品先于加工程度高的产品、列名具体的品种先于列名一般的品种的顺序排列的。

（二）HS编码的查询途径

查询《协调制度》的结构或商品的HS编码，可通过《中华人民共和国进出口税则》或一些专业网站（如“归类通”）或“掌上海关”App客户端等途径进行。

1. 途径一：通过“归类通”网站查询

在“归类通”网站（https://hs.e-to-china.com.cn/），先在首页的搜索框中随便输入一个商品，然后点击“归类一下”。在得到的搜索结果中，点击“查看税号结构”（如图4-1所示），便可进入海关进出口税则列表页面，把列表中所有减号点一下合起来，便可看到《协调制度》的 21 类商品排列结构（如图 4-2 所示）。

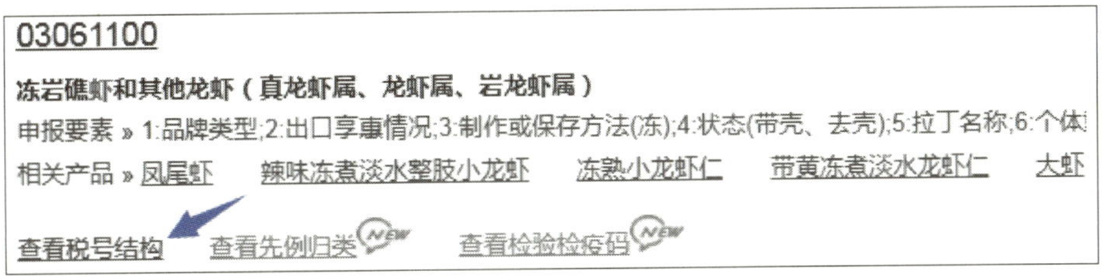

图 4-1　归类通搜索结果页面

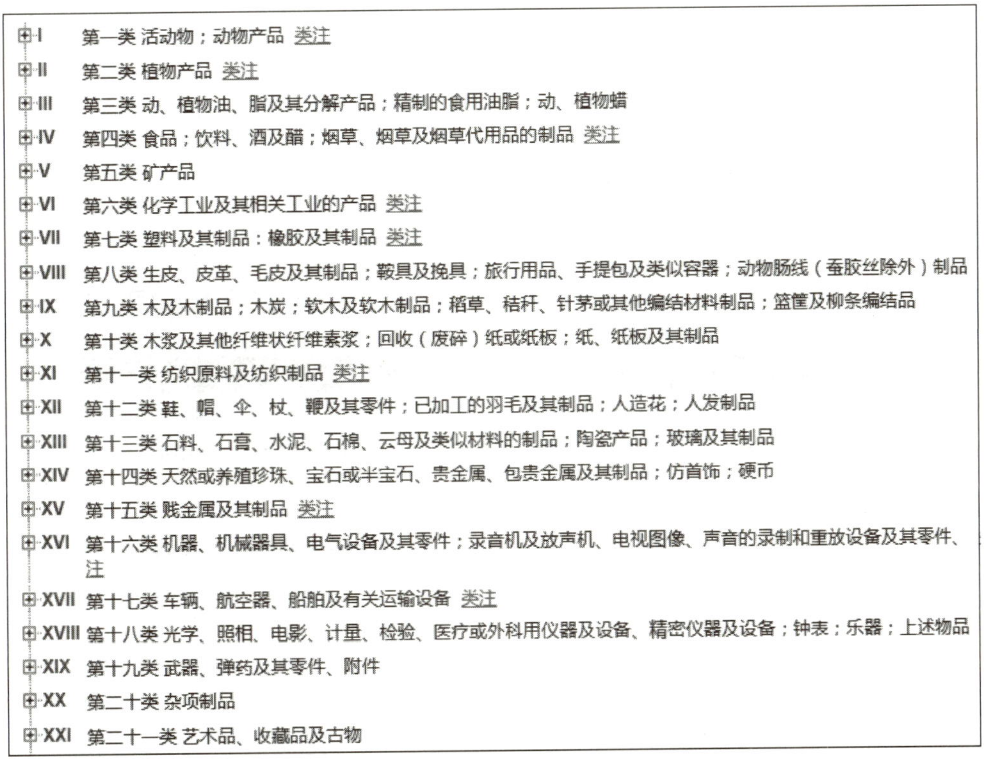

图 4-2　《协调制度》21 类商品排列结构

注：根据海关总署公告 2021 年第 78 号（《关于发布 2022 年版〈协调制度〉修订目录中文版的公告》），第三类标题删除并替换为“第三类 动、植物或微生物油、脂及其分解产品；精制的食用油脂；动、植物蜡”，第四类标题删除并替换为“第四类 食品；饮料、酒及醋；烟草、烟草及烟草代用品的制品；非经燃烧吸用的产品，不论是否含有尼古丁；其他供人体摄入尼古丁的含尼古丁的产品”。网站尚未更新，特此说明。

2. 途径二：通过“掌上海关”App 查询

打开“掌上海关”App 后，在首页点击页面底部的“服务”，然后在页面顶部功能菜单中选择“税号税率”，页面如图 4-3 所示。点击“HS 税目结构”，再按类、章的顺序，点开某一章之后，系统显示这一章的税目结构，如图 4-4 所示。点开一个税目，默认显示的是类注，页面顶部有“类注”“章注”“品目注释”“税目结构”四个功能菜单可以切换。点开某个品目后，会显示这个品目下所有子目的结构，如图 4-5 所示。在某个品目下，还可查询与这个品目有关的章注、总注释和品目注释，如图 4-6 所示。

图 4－3 “掌上海关”App 服务页面

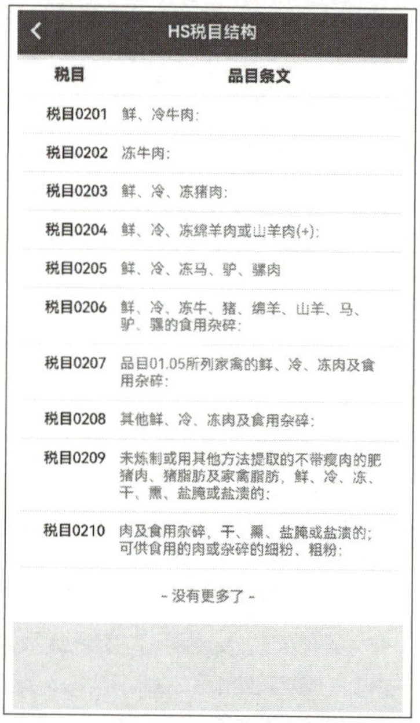

图 4－4 “掌上海关”App 税目结构界面

图 4－5 “掌上海关”App 子目界面

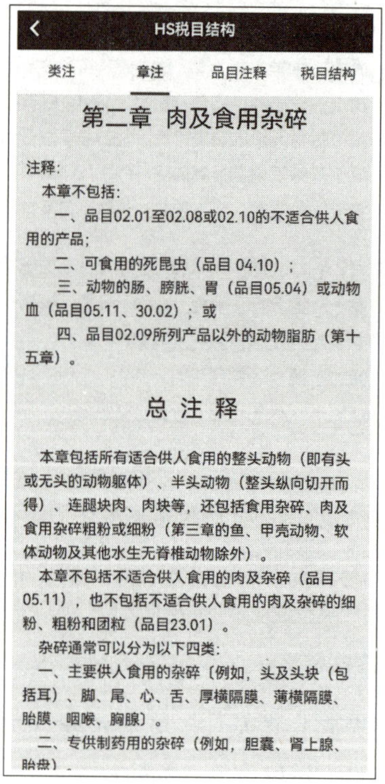

图 4－6 “掌上海关”App 章注和总注释界面

二、我国海关进出口商品分类目录

《协调制度》中的编码只有 6 位数，我国在《协调制度》的基础上增设本国子目（三级和四级子目)，分别编制出《中华人民共和国进出口税则》(以下简称《进出口税则》)和《中华人民共和国海关统计商品目录》，并根据《协调制度》的修订情况对它们同步进行修订。

《进出口税则》中的税则号列简称税号，每个商品的税号是8位数，每个税号的商品都对应一定的税率。税号中的第7～8位数就是我国根据实际情况加入的“本国子目”，第7位数字属于三级子目，第8位数字属于四级子目，如图4-7所示。

税则号列	货品名称	最惠(%)	普通	增值税率	出口退税	计量单位	监管条件
02.07	**税目01.05所列家禽的鲜、冷、冻肉及食用杂碎：**						
	-鸡：　一级子目						
0207.1100	--整只,鲜或冷的　二级子目	20	70	13	5	千克	4ABx
0207.1200	--整只,冻的　二级子目	T2	T2	13	5	千克	4x7AB
	--块及杂碎,鲜或冷的：　二级子目						
	---块：　三级子目						
0207.1311	----带骨的　四级子目	20	70	13	13	千克	4xAB
0207.1319	----其他　四级子目	20	70	13	13	千克	4xAB
	---杂碎：三级子目						

图4-7　《进出口税则》各级子目说明

例如，在税号0207.1319中，前4位编码0207是品目，第5位编码“1”是一级子目，第6位编码“3”是二级子日，第7位编码“1”是三级了目，第8位编码“9”是四级子目。

报关单中的商品编号就是商品的HS编码，要求填报10位数，是在8位税号的基础上再加上2位本国附加码进行细分(没有细分的加上00这两个数字)。例如，商品编码5603921010的含义如图4-8所示：

编码	56	03	9	2	1	0	10
位数	12	34	5	6	7	8	9 10
含义	章号	顺序号	一级子目	二级子目	三级子目	四级子目	附加码

图4-8　商品编码含义示例

从上述商品编码可以看出，该商品属于第56章，属于品目5603中的一种商品。

若编码中第 5～8 位数字出现 9，则一般代表未具体列名的“其他”商品。在“9”的前面一般留有空序号，以便修订时增添新商品。

三、归类工作的法律依据

进出口货物的商品归类工作，应当遵循以下法律依据：

（1）《进出口税则》。

（2）《进出口税则商品及品目注释》。

（3）《中华人民共和国进出口税则本国子目注释》。

（4）海关总署发布的关于商品归类的行政裁定。

（5）海关总署发布的商品归类决定。

以上归类的法律依据如图 4－9 所示。

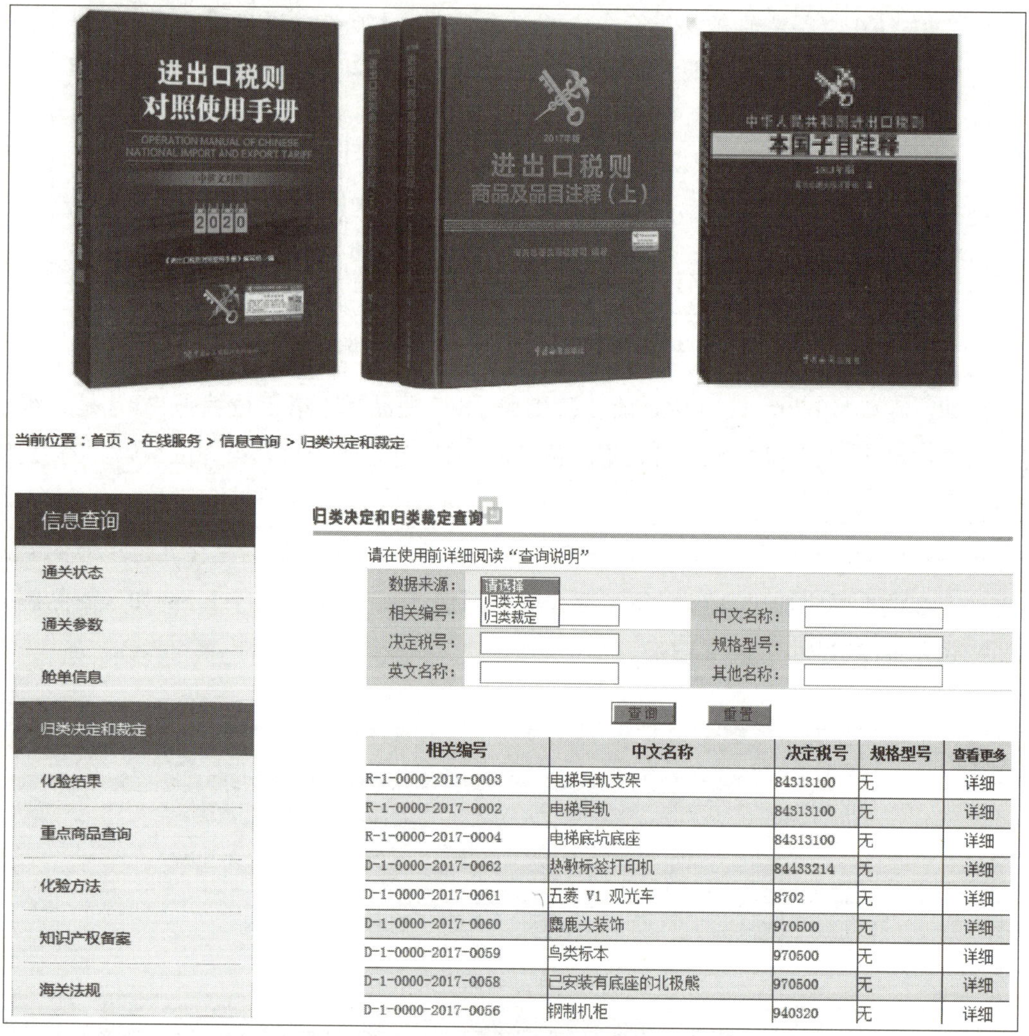

图 4－9　商品归类的主要依据

四、《协调制度》归类总规则

（一）规则一

条文如下：

> 规则一
> 类、章及分章的标题，仅为查找方便而设；具有法律效力的归类，应按品目条文和有关类注或章注确定，如品目、类注或章注无其他规定，则按以下规则确定。

规则一解释：

1. 指出“类、章及分章的标题，仅为查找方便而设”

例如，第一类商品为“活动物；动物产品”，按标题，它应该包括所有的活动物和动物产品，但第一类中，根据章注可以知道：流动马戏团、动物园或其他类似巡回展出用的活动物，不包括在第一类里面。因此，“类、章及分章的标题，仅为查找方便而设”。

2. “具有法律效力的归类，应按品目条文和有关类注或章注确定”

例如，在第1章章注中有规定：本章不包括品目9508的动物，不包括品目3002的培养微生物及其他产品。那么9508的动物、3002的培养微生物，就不能归入第1章。所以说，具有法律效力的归类，应按品目条文和有关类注或章注确定。

3. “如品目、类注或章注无其他规定，则按以下规则确定”

在对商品进行归类的时候，税目条文以及相关的章注、类注是最重要的。如果按税目条文及相关的章注、类注还无法确定归类的，才能够按规则二、规则三、规则四、规则五、规则六来归类。

（二）规则二

条文如下：

> 规则二
> （一）品目所列货品，应视为包括该项货品的不完整品或未制成品，只要在报验时该项不完整品或未制成品具有完整品或制成品的基本特征；还应视为包括该项货品的完整品或制成品（或按本款规则可作为完整品或制成品归类的货品）在报验时的未组装件或拆散件。
> （二）品目中所列材料或物质，应视为包括该种材料或物质与其他材料或物质混合或组合的物品。品目所列某种材料或物质构成的货品，应视为包括全部或部分由该种材料或物质构成的货品。由一种以上材料或物质构成的货品，应按规则三的原则归类。

规则二解释：

1. 规则二（一）

规则二（一）规定税目条文不仅仅限于税目条文本身，还应扩大到：

（1）不完整品（缺少非关键部分，不完整）。例如：缺少门、未安装座位等的汽车仍然按汽车归类，缺少电池的便携式计算机按便携式计算机归类。

（2）未制成品（尚未完全制成，需进一步加工才成为制成品）。例如：做手套用已剪成手套形状的针织棉布，需经进一步完善方可作为零件使用的齿轮的毛坯。

（3）未组装件或拆散件（尚未组装或已拆散）。包括实际业务中庞大的或易碎的货物。例如：多功能组合机床、桥架、灯具、照明设备等通常都是未组装或拆散开的，通过简单组装即可装配起来。

注意：只要具有完整品或制成品的基本特征，就应按制成品归类。规则二（一）不适用于第一类到第六类的商品，而且只有在规则一无法解决的时候，才能够运用规则二。

2. 规则二（二）

规则二（二）是关于混合及组合材料或物质，以及由两种材料或物质构成的货品的归类。本规定说明某个税目所列材料或物质，还应该扩大到该材料或物质中可以加入其他材料或物质，但条件是加入材料或物质并不改变原来材料或物质或者其所构成货品的基本特征。

例如：天然软木制成、外层包纱布的热水瓶塞子。热水瓶塞子虽然包了纱布，但是并没有改变这个瓶塞是软木的基本特征，因此还是归入 4503100000 的品目。

规则二（二）还有一个含义，即：如果由一种以上材料或物质构成的货品，或者看起来可归入两个或两个以上税目的，应按规则三归类。

（三）规则三

条文如下：

> 规则三
> 当货品按规则二（二）或由于其他原因看起来可归入两个或两个以上品目时，应按以下规则归类：
> （一）列名比较具体的品目，优先于列名一般的品目。但是，如果两个或两个以上品目都仅述及混合或组合货品所含的某部分材料或物质，或零售的成套货品中的部分货品，即使其中某个品目对该货品描述得更为全面、详细，这些货品在有关品目的列名应视为同样具体。
> （二）混合物、不同材料构成或不同部件组成的组合物以及零售的成套货品，如果不能按照规则三（一）归类时，在本款可适用的条件下，应按构成货品基本特征的材料或部件归类。
> （三）货品不能按照规则三（一）或（二）归类时，应按号列顺序归入其可归入的最末一个品目。

规则三解释：

1. 规则三（一）

规则三（一）简称“具体列名”原则，即俗称的“有列名归列名”原则。需要注意的是，列出品名的比列出类名的更为具体。

2. 规则三（二）

规则三（二）简称“基本特征”原则，包括俗称的“没有列名归用途”和“没有用途归成分（不同成分比多少）”原则。

【例 1】“碗装的方便面，由面饼、调味包、塑料小叉构成”，商品属于混合物，由于面饼构成了这个商品的基本特征，所以应该按面归类。

【例 2】一套成套的理发工具，由一个电动理发推子、一把木梳、一把剪刀、一把刷子组成，装于一只塑料盒中，查阅类、章注释，并没有提到这类商品的具体列名，在这个商品中最具有主要特征的货品是电动理发推子和剪刀，所以应该归入 8510200000。

3. 规则三（三）

规则三（三）简称“从后归类”原则。

例如：“由 200 克巧克力糖果和 200 克的奶糖混合而成的一袋 400 克的糖果”，由于其中奶糖和巧克力糖果的含量相等，“基本特征”无法确定，因此根据“成分相等，从后归类”的原则应从后归类，奶糖归入 1704，巧克力糖果归入 1806，那么就归入后一个税目 1806。

4. 运用规则三的注意事项

（1）只有规则一和规则二都不能用的时候才用规则三。

例如：“豆油 70%、花生油 20%、橄榄油 10%的混合食用油”如何归类？如果考虑该商品是混合物，而且豆油的含量最大，构成基本特征，从而运用规则三（二）款将其按豆油归入品目 1507 是错误的。根据规则一，归类的法律依据是税目条文，因此根据品目 1517 的商品名称包括“各种动、植物或微生物油、脂及其分离品混合制成的食用油、脂或制品”，而本例的情况是混合食用油，所以先适用规则一，归入品目 1517。

（2）在运用规则三时，必须按其中（一）、（二）、（三）款的优先顺序逐条运用。

（3）规则三（二）中的零售成套货品，必须同时符合下列三个条件：

第一，由可以归入不同品日号的若干货品组成。

第二，各货品在用途上相互补充、配合使用。

第三，零售包装。

（四）规则四

条文如下：

> 规则四
> 根据上述规则无法归类的货品，应归入与其最相类似的货品的品目。

规则四解释：

规则四简称“最相类似”原则。由于时代的发展和科技的进步，可能会出现一些《协调制度》在分类时无法预见的情况，根据规则一、规则二、规则三均无法归类的货品，应归入与其最相类似的货品的品目，即俗称的“没有成分归类别”原则。这里的“最相类似”，是指名称、特征、功能、用途、结构等因素最相类似。

规则三和规则四可以总结为下列商品归类原则（注意优先使用的逻辑）：

具体列名→基本特征→从后归类→最相类似

（五）规则五

条文如下：

> 规则五
> 除上述规则外，本规则适用于下列货品的归类：
> （一）制成特殊形状或适用于盛装某一或某套物品，适合长期使用的照相机套、乐器盒、枪套、绘图仪器盒、项链盒及类似容器，如果与所装物品同时报验，并通常与所装物品一同出售的，应与所装物品一并归类。但本款不适用于本身构成整个货品基本特征的容器。
> （二）除规则五（一）规定的以外，与所装货品同时报验的包装材料或包装容器，如果通常是用来包装这类货品的，应与所装货品一并归类。但明显可重复使用的包装材料和包装容器不受本款限制。

规则五解释：

规则五解决的是某包装材料或包装容器在什么情况下单独归类，在什么情况下与所装的物品一并归类的问题。

1. 规则五（一）

符合下列 5 个条件时，容器与所装物品一并归类：

（1）特殊形状专用（如照相机套、乐器盒）；

（2）适合长期使用；

（3）与所装物品一同进口或出口（如装香水的瓶子）；

（4）与所装物品一同出售；

（5）本身不构成货物的基本特征，包装物属于从属物品。

【例 1】与所装电动剃须刀一同报验的电动剃须刀的皮套，由于符合以上条件，因此应与电动剃须刀一并归入品目 8510。

【例 2】银制的茶叶罐装入茶叶，这个茶叶罐相对于茶叶来说比较贵重，那么就构成了这个货品的基本特征，因此银制的茶叶罐应按照银制品归入 7114110090，而不是按茶叶来归类。

2. 规则五（二）

规则五（二）说明的是明显可重复使用的包装材料和包装容器可以单独归类，不需要与其所装的物品一并归类。例如：装液化气用的煤气罐，由于煤气罐是可以重复使用的，因此归类的时候应该要与液化煤气分开归类。

（六）规则六

条文如下：

> 规则六
> 货品在某一品目项下各子目的法定归类，应按子目条文或有关的子目注释以及以上各条规则（在必要的地方稍加修改后）来确定，但子目的比较只能在同一数级上进行。除条文另有规定的以外，有关的类注、章注也适用于本规则。

规则六解释：

规则六是解决如何确定商品的子目的归类原则，而前面5个规则是解决如何确定品目的归类原则。

1. 归类次序

确定子目时，按照先确定一级子目、再确定二级子目、然后确定三级子目、最后确定四级子目的顺序进行。

2. 比较原则

确定子目时，应遵循“同级比较”的原则。先将一级子目与一级子目比较，确定一级子目后，再将二级子目与二级子目比较，确定二级子目，以此类推。

【例1】“针织女式羊毛制便服套装”在归入6104项下子目时，应按以下步骤进行：

（1）确定一级子目，在多个一级子目中比较后确定为“便服套装”。

（2）确定二级子目，在3个二级子目中比较后确定为“其他纺织材料制”。

（3）确定三级子目“羊毛或动物细毛制”，将该商品归入子目61042910。

【例2】“吊秤，最大称重为1 000千克”。这个商品如何归类？

该商品符合品目8423“衡器”的描述，先确定归入品目8423。子目的归类：先比较一级子目条文，可知应归入8423.8；然后比较二级子目条文，根据最大称量“1 000千克”，归入8423.82；再比较三级子目条文，归入8423.8290。如果不遵循“同级比较”的原则，直接按子目列名“吊秤”，则容易错误地归入8423.8930。

五、商品归类的方法

（一）商品信息的收集

1. 归类的工作流程

商品归类可以由外贸企业自己完成，也可以由外贸企业委托报关行或专业的归类机构完成。无论哪种情况，归类工作都不是由一个人完成的，需要不同岗位的多人合作。归类的工作流程分为商品信息提供、专员归类、归类复核三个步骤。商品信息由商品的生产商或工程技术人员提供，因为他们最了解商品的情况。在商品信息完整得足以满足归类需要之后，由企业或报关行的归类专员初步确定商品的税号，然后由复核人员进行审核，归类专员与复核人员不能是同一个人。

2. 归类要素

企业如果要确保提供的商品信息能满足归类和后续申报的需要，应当查阅《中华人民共和国海关进出口商品规范申报目录》(以下简称《规范申报目录》)。为规范进出口企业的申报行为，提高进出口商品申报质量，海关总署制定了《规范申报目录》。《规范申报目录》是按我国海关进出口商品分类目录的品目顺序编写的，并根据需要在品目级和子目级列出了申报要素（如图 4－10 所示)。进出口货物在向海关申报时，报关单的“商品名称、规格型号”栏必须逐项输入申报要素的内容。

如图 4－10 所示，申报要素＝归类要素＋价格要素＋其他要素。品目为 0201 的所有“鲜、冷牛肉”的申报要素有 12 项，其中“归类要素”有 3 项，“价格要素”有 9 项。事实上，《规范申报目录》省略了所有商品都涉及的 4 项“其他要素”：品牌类型、出口享惠情况、GTIN、CAS。

税则号列	商品名称	申报要素		
		归类要素	价格要素	其他要素
02.01	鲜、冷牛肉：	1. 品名；2. 制作或保存方法（鲜、冷）；3. 加工方法（整头、半头；带骨、去骨）	4. 牛肉部位（如眼肉、腱子肉等）；5. 包装规格；6. 英文品名；7. 品牌（中文或外文名称）；8. 厂号；9. 级别（A级、B级等）；10. 饲养方式（草饲、谷饲等）；11. 签约日期；12. 加工程度（精修、粗修等）	

图 4－10 《规范申报目录》页面

在确定商品税号时，归类人员只需要关注“归类要素”，因为“价格要素”只影响价格，“其他要素”供海关监管时参考，只有归类要素才影响商品的归类。如果漏报、错报一个归类要素，将会导致无法归类或归类不准确。例如：对于税号为 0304.8100 的大麻哈鱼，如果不说明制作或保存方法（新鲜、冷藏、冷冻)，归类人员将无法归类；如果未说明克重或是否带皮则不影响归类，但影响报关单录入。

（二）商品归类的一般方法

商品归类是一项技术难度较大的工作，总的思路是先确定品目，然后确定子目。大部分的商品归类工作可以通过运用归类总规则来完成，基本方法和步骤如下：

1. 确定品目（4 位数编码)

第一步：确定所给出的商品名称的中心词，并根据商品的资料分析商品特性（如组成、结构、加工、用途等)。

第二步：初步判断该商品可以归入的章和品目（可能有多个)。

第三步：查找涉及的有关品目的品目条文。

第四步：查看所涉及的品目所在章和类的注释，检查一下相关章注和类注是否有特别的规定。

第五步：仍然有几个品目可归而不能确定时，则运用归类总规则来确定品目。

2. 确定子目（8 位数编码）

品目确定之后就是子目的确定。注意同一数级的子目才能进行比较。要先判断它的一级子目，再到二级子目，以此类推。在查阅《进出口税则》或纸质工具书时，在商品名称前面都有一个或几个横杠，横杠数量代表不同级别的子目：

“-”表示一级子目；

“- -”表示二级子目；

“- - -”表示三级子目；

“- - - -”表示四级子目。

3. 确定编码（10 位数）

子目确定以后，有些商品就确定了税号（8 位数），但有些商品还需要进一步依据商品的特点区分最后两位附加码，最终确定 10 位数的商品编码。一般我们在练习归类时，只需要写出 8 位数编码即可。

（三）归类操作举例

商品描述：供食用的活珍珠鸡（重量大于 2 千克）。

1. 确定品目（4 位数）

（1）查阅章的名称。

由于该商品属于活的动物，查阅各章的名称，可初步判断归入第 1 章。

（2）查阅品目条文。

查阅第 1 章的品目条文，该商品符合品目 0105（家禽，即鸡、鸭、鹅、火鸡及珍珠鸡）的描述，初步可判断归入 0105。

（3）查阅类注、章注规定。

查阅第一类的类注和第一章的章注，未发现类注和章注对该商品有排除，因而可以确定该商品归入品目 0105。

2. 确定子目（8 位数）

（1）确定一级子目。

查阅 0105 的子目可知有两个一级子目：0105.1 -重量不超过 185 克、0105.9 -其他。因为该商品重量大于 2 千克，所以归入 0105.9。二级至四级子目结构如图 4 - 11 所示。

（2）确定二级子目。

查阅 0105.9 可知下面有两个二级子目：0105.94 - -鸡、0105.99 - -其他。从 0105 的品目条文看，珍珠鸡与鸡是并列关系，不是从属关系，因此归入 0105.99。

税则号列	货品名称
	-其他：
	--鸡：
0105.9410	---改良种用
0105.9490	---其他
	--其他：
0105.9910	---改良种用
	---其他：
0105.9991	----鸭
0105.9992	----鹅
0105.9993	----珍珠鸡
0105.9994	----火鸡

图 4-11　0105.9 子目结构

（3）确定三级子目。

查阅 0105.99 可知下面有两个三级子目：0105.991---改良种用、0105.999---其他。该商品属于食用，并非改良种用，因此归入 0105.999。

（4）确定四级子目。

查阅 0105.999 可知下面有四个四级子目：0105.9991----鸭、0105.9992----鹅、0105.9993----珍珠鸡、0105.9994----火鸡。根据四级子目条文归入 0105.9993。

该商品在《进出口税则》中只有 8 位编码，因此可确定其 10 位编码为 0105999300。

案例分享

税号申报不实处罚案

【案情简介】

根据瑞丽关缉违字〔2022〕0004 号内容，2020 年 11 月，瑞丽海关稽查科对瑞丽市 HQ 贸易公司前三年申报出口钢丝的真实性、合法性实施稽查。经稽查发现，HQ 贸易公司在未向钢丝生产厂家、经销商核实产品工艺流程、详细技术参数的情况下，仅依据与代理报关公司协商将本应归类到 7217100000 税号下的钢丝以 7217309000 税号向瑞丽海关申报出口，导致税则号列申报不实，影响了国家出口退税管理。经统计，HQ 贸易公司以商品编号 7217309000 向瑞丽海关申报出口钢丝共计 44 票，货物价值人民币 664.345 万元，因出口申报不实影响退税金额人民币 84.709 04 万元，已完成退税。

瑞丽市 JL 报关公司作为代理报关企业在向瑞丽海关申报出口钢丝前未向 HQ 贸易公司索要产品工艺流程资料、未向海关业务部门或具有行业相关知识的个人或部门进行归类咨询。经统计，JL 报关公司代理 HQ 贸易公司以商品编号 7217309000 向瑞丽海关申报出口钢丝共计 18 票，货物价值人民币 262.331 万元，因出口申报不实影响退税金额人民币 33.560 76 万元。

云南 TF 报关公司作为代理报关企业在向瑞丽海关申报出口钢丝前未核实货物实际情况、未向 HQ 贸易公司索要产品工艺流程资料、未向海关业务部门或具有行业相关知识的个人或部门进行归类咨询，便沿用 JL 报关公司申报同类钢丝商品编号向瑞丽海关进行申报。经统计，云南 TF 报关公司代理 HQ 贸易公司以商品编号 7217309000 向瑞丽海关申报出口钢丝共计 26 票，货物价值人民币 402.014 万元，因出口申报不实影响退税金额人民币 51.148 28 万元。

依据《中华人民共和国海关法》第八十六条（三）和《中华人民共和国海关行政处罚实施条例》第十五条（五）和《中华人民共和国行政处罚法》第三十二条（一），海关对瑞丽市 HQ 贸易公司处罚款人民币 59.3 万元；依据《中华人民共和国海关行政处罚实施条例》第十七条，海关对瑞丽市 JL 报关有限公司处罚款人民币 13.4 万元，对云南 TF 报关公司处罚款人民币 25.5 万元。

【案例分析】

上述贸易公司和报关公司的共同错误在于不是根据货物实际情况归类，而是自行协商归类或直接沿用其他企业的归类。贸易公司正确的做法应是在向生产厂家、经销商核实产品工艺流程、详细技术参数的情况下再按税则和归类总规则自己进行归类或委托其他企业归类。两个代理报关企业的问题在于缺少合规意识和风险意识，对报关数据未尽到“合理审查”义务：未核实商品实际情况就协助客户归类是缺少合规意识的表现；商品归类本不是报关企业的义务，在客户咨询归类问题时，随意回复一个税号给客户是缺少风险意识的表现。

资料来源：海关行政处罚案件信息公示（瑞丽关缉违字〔2022〕0004 号）.（2022-05-31）[2024-08-25]. http://www.customs.gov.cn//kunming_customs/611308/zfxxgkml95/4976416/index.html.

【案例启示】

商品归类直接影响进出口货物的税率和海关监管要求，是非常重要的关务工作内容，无论是进出口贸易企业还是报关企业都要高度重视，树立合规意识。归类人员必须本着“严谨细致”的工作原则，严格按照归类工作的基本方法进行归类，切不可想当然凭感觉归类或者协商归类。此外，代理报关企业归类人员要树立风险意识，需要保留已尽到“合理审查”义务的书面证据，对于自己不熟悉的产品可以拒绝客户归类咨询要求；如果双方约定由报关企业负责归类，则应按合规的原则进行商品归类，避免因税号问题被海关处罚。

六、食品类商品归类要点

HS共有21大类商品，限于篇幅，本书只介绍食品类商品的归类要点，目的是方便学生练习商品归类的操作技能。若要学习全部商品的归类技能，可参考有关进出口商品归类的专业教材。

（一）第一类——活动物；动物产品

本类共5章，包括除特殊情况外的所有种类的活动物以及经过有限度的一些简单加工的动物产品。

1. 归类要点

对于动物产品的归类，其关键是根据加工程度判断是一种可以归入本类的简单加工，还是应归入后面其他类（如第四类）的进一步深加工。其中最容易与本类食用动物产品发生归类混淆的是第四类第16章的商品，详见表4-1。

例如，“用盐腌制的咸鸡”应归入品目0210，而“油炸鸡腿”，经查第2章的品目条文与章注得知，其加工程度已超出第2章的范围，因此应归入品目1602。

表4-1　加工程度对第一类商品归类的影响

	归入第2、3章的简单加工	归入第16章的深加工
加工程度	新鲜或冷藏的	烹饪的（蒸、煮、煎、烤、炸等）
	冷冻的	加工成精、汁
	盐腌或盐渍的	均化制作
	干制的	混合加调味料
	熏制的	用醋浸泡保藏

2. 归类时应该注意的问题

（1）供人食用的杂碎（例如，头、脚、尾、心、舌），如果适合供人食用则归入第2章，如果不适合供人食用（如因保存不善导致变质）则归入第5章。例如，新鲜的猪脚应归入品目0206。

（2）专供制药用的杂碎（例如，胆囊、肾上腺、胎盘），如为鲜、冷、冻或用其他方法临时保藏的，则归入品目0510；如经干制的，则归入品目3001。

（3）既可供人食用，又可供制药用的杂碎（例如，肝、肾、肺、脑、胰腺、脾、脊髓）归类方法：临时保藏（例如，用甘油、丙酮、酒精、甲醛、硼酸钠临时保藏），以供药用的，归入品目0510；干制的归入品目3001；其他如果适合供人食用则归入第2章，如果不适合供人食用则归入第5章。

（4）根据第2章章注二的规定，动物的肠、膀胱、胃或动物血必须按不可食用的动物产品归入第5章（动物血如果符合品目3002的规定，则归入品目3002），但其进一步加工品仍归入第 16 章。例如，新鲜的猪大肠不能归入品目 0206，应该根据该章注的规定归入品目 0504。

（5）未炼制、不论是否供人食用的不带瘦肉的肥猪肉、猪脂肪及家禽脂肪属于品目 0209，但如果经过炼制的猪脂肪及家禽脂肪则归入品目 1501 或 1503。其他未炼制的动物脂肪（如牛脂肪）应归入第 15 章。

（6）第 2、3 章产品不包括经"蒸、煮"的产品，但下列情况例外：第 2 章产品加工成粉的过程中的"蒸、煮"、第 3 章的鱼在熏制过程中的"蒸、煮"、第 3 章"蒸、煮"的带壳的甲壳动物。

（7）第 2、3 章产品的加工方法包括"熏制"，但仅限于第 2 章产品和第 3 章产品中的鱼类，而第 3 章的甲壳动物、软体动物及其他水生无脊椎动物在"熏制"时应归入第 16 章。

（8）有些商品名称中带有"鱼"字，但是在生物学分类体系中并不属于鱼类，不能按鱼归类，而应该分别按其生物类属归类，归入哺乳动物、爬行动物或软体动物等所属的品目。

（9）黄药是指作为中药使用的动物体内结石，包括以下几种：牛黄（牛胆结石）、猴枣（猕猴内脏结石）、其他黄药。

3. 实例分析

（1）鲜整头乳猪肉（重量不足 10 千克）：0203.1110。

（2）冻整鸡：0207.1200。

（3）装入肠衣的熏腌牛肉（未经绞碎、未经调味、供食用）：0210.2000。

（4）干的猪蹄筋（500 克/袋）：0210.9900。

（5）新鲜的猪大肠：0504.0019。

（6）熏制的大西洋鲑鱼：0305.4110；

（7）水煮过的龙虾（未去壳，冻的）：0306.1100。

（8）活的淡水小龙虾：0306.3990。

（9）草莓果粒酸奶，125 克/瓶：0403.2010。

（10）全脂奶粉（脂肪含量 23%），未加糖，450 克/袋：0402.2100。

（11）猴枣：0510.0010。

（二）第二类——植物产品

本类包括绝大多数活植物以及未经过加工或仅经过有限的简单加工的植物产品。

1. 归类要点

本类商品与第一类动物产品的归类思路基本一致，即对本类的植物产品也需要特别注意其加工程度，只有经过简单加工的植物产品才归入第二类，如果超出这一范围而进行了进一步的深加工，则应归入第四类，见表 4－2。例如，“生花生仁”归品目 1202，而“水煮花生仁”，经查第 12 章的品目条文与章注得知，已超出该章范围，所以应到第四类中查找而归入品目 2008。

表 4－2　加工程度对第二类商品归类的影响

	第 7、8 章（未加工或简单加工）	第 20 章（进一步加工）
加工程度	新鲜或冷藏的	用醋或酸醋、糖水保藏的
	冷冻的	烹饪的（蒸、煮、炒、炸等）
	干制的	均化制作
	暂时保藏的（用盐等）	榨汁（原汁，酒精浓度≤0.5%）
	可加工成各种形状	

2. 干蔬菜的归类

根据第 7 章章注三的规定，品目 0712 包括干制的归入品目 0701 至 0711 的各种蔬菜，但下列各项除外：

（1）作蔬菜用的脱荚干豆（品目 0713）；

（2）品目 1102 至 1104 所列形状的甜玉米；

（3）马铃薯细粉、粗粉、粉末、粉片、颗粒及团粒（品目 1105）；

（4）用品目 0713 的干豆制成的细粉、粗粉及粉末（品目 1106）。

例如，马铃薯细粉尽管属于制成粉状的干蔬菜（马铃薯属于蔬菜），符合 0712 品目条文的规定，但根据该章注的规定，应归入品目 1105。

3. 混合调味香料的归类

根据第 9 章章注一的规定，品目 0904 至 0910 所列产品的混合物，应按下列规定归类：

（1）同一品目的两种或两种以上产品的混合物仍应归入该品目；

（2）不同品目的两种或两种以上产品的混合物应归入品目 0910。

品目 0904 至 0910 的产品如添加了其他物质，只要所得的混合物保持了原产品的基本特性，其归类应不受影响。基本特性已经改变的，则不应归入本章；构成混合调味品的，应归入品目 2103。

例如，肉桂（占 70%）与丁香（占 30%）的混合物，因为肉桂归品目 0906，丁香归品目 0907，属于不同品目的混合物，所以应归入品目 0910。而对于胡椒粉（占 70%）与辣椒粉（占 30%）的混合物，因为胡椒粉与辣椒粉都归入品目 0904，属于同一品目的混合物，所以仍应归入品目 0904。

4. 种植用种子的归类

根据第 12 章章注三的规定，甜菜子、草子及其他草本植物种子、观赏用花的种子、蔬菜种子、林木种子、果树种子、巢菜子（蚕豆除外）、羽扇豆属植物种子，可一律视为种植用种子，归入品目 1209。但下列各项即使作种子用，也不归入品目 1209：

（1）豆类蔬菜或甜玉米（第 7 章）；

（2）第 9 章的调味香料及其他产品；

（3）谷物（第 10 章）；

（4）品目 1201 至 1207 或 1211 的产品。

例如，种用蚕豆属于豆类蔬菜，根据该章注的规定，应归入品目 0713。

5. 实例分析

（1）天然圣诞树（未经装饰）：0604.9090。

（2）冷冻的煮熟甜玉米粒，塑料袋装：0710.4000。

（3）500 克袋装的干制的小白蘑菇：0712.3100。

（4）泰国产鲜芒果：0804.5020。

（5）鲜脐橙：0805.1000。

（6）鲜水蜜桃：0809.3000。

（7）龙井茶，150 克塑料袋装：0902.1090。

（8）普洱茶，净重 1 千克/包：0902.3031。

（9）硬粒小麦（配额内）：1001.1900。

（10）食用高粱，非种用，净重 50 千克/袋：1007.9000。

（11）马铃薯淀粉：1108.1300。

（12）晒干的莲子，500 克袋装：1212.9994。

（13）干的西洋参片，平切，50 克/盒：1211.2011。

（三）第三类——动、植物或微生物油、脂及其分解产品；精制的食用油脂；动、植物蜡

本类仅由 1 章构成，即第 15 章。本章主要包括：以第一类和第二类的动、植物为原料加工得到的动、植物或微生物油、脂及其分解产品；精制的食用油脂；动、植物蜡。

1. 归类注意事项

不归入本章但易引起归类错误的货品：

（1）未炼制的猪脂肪及家禽脂肪应归入品目 0209；

（2）从乳中提取的黄油及其他油、脂应归入品目 0405（与 1517 人造黄油区别开）；

（3）可可油、可可脂应归入品目 1804；

（4）粗甘油（纯度在 95%以下）归入品目 1520，若纯度在 95%以上则归入 2905.4500 丙三醇（甘油）。

2. 动、植物油脂的归类

动、植物油脂在归类时按其加工程度进行归类，见表 4－3。

表 4-3 加工程度对动、植物油脂归类的影响

加工程度	归类方法
油脂（初榨、精制）	动物：归入品目 1501 至 1506
	植物：归入品目 1507 至 1515
油脂（化学改性）	归入品目 1516、1518
混合食用油脂	归入品目 1517
动、植物蜡	归入品目 1521
残渣	归入品目 1522

例如，豆油的归类方法如下：初榨的豆油归入 1507.1000，精制的豆油归入 1507.9000，氢化的豆油归入 1516.2000，氧化的豆油归入 1518.0000，混合的豆油归入 1517.9090。

此外，动、植物油脂分解产品中的粗甘油归入品目 1520，而脂肪酸、脂肪醇等以及经过提纯的精制甘油则要按化工品归入第六类。

3. 实例分析

（1）未经过化学改性的精制豆油：1507.9000。

（2）精制的玉米油：1515.2900。

（3）由多种食用植物油调制而成的王牌超级烹调油：1517.9090。

（4）初榨的亚麻子油：1515.1100。

（四）第四类——食品；饮料、酒及醋；烟草、烟草及烟草代用品的制品；非经燃烧吸用的产品，不论是否含有尼古丁；其他供人体摄入尼古丁的含尼古丁的产品

本类共 9 章，包括以动物、植物为原料加工得到的食品、饮料、酒、醋、动物饲料、烟草等。

1. 归类要点

本类商品归类的难点是：根据加工程度来区分归入第一、二类还是归入第四类。

第一、二类商品与第四类商品之间存在一定的加工程度递进的关系，如下：

简单加工产品	第 2、3 章	第 4、10、11 章	第 7、8 章	第 9 章
↓	↓	↓	↓	↓
对应的复杂加工产品	第 16 章	第 19 章	第 20 章	第 21 章

【例 1】 水煮后经冷冻的去壳对虾，编码为：1605.2100。

分析： 根据加工程度，第 3 章的加工程度包括水煮后带壳，不包括水煮后去壳，水煮后去壳已经超出第 3 章的加工程度，因此归入 1605.2100。

【例 2】 炒熟的夏威夷果，250 克袋装。编码为：2008.1999。

【例 3】 一种韩国泡菜，将大白菜、萝卜先用盐腌制，然后配上由葱、洋葱、蒜、虾

酱、糖、辣椒等做成的调料，再经发酵一段时间即成，2 千克/坛。编码为：2005.9999。

2. 混合食品的归类

根据第 16 章章注二，归入第 16 章的前提条件是混合食品中第 2、3 章的动物原料的含量必须在 20%以上，其中动物原料可以相加。如果低于 20%，就不能归入第 16 章。

【例 1】 鱼占 10%、牛肉占 15%、马铃薯占 75%的罐头食品，编码为：1602.5010。

【例 2】 一种可用微波炉加热的方便快餐食品，净含量 250 克，其中含面条 150 克、鸡块 50 克、卷心菜 30 克、鱿鱼丝 20 克，食品已预先烧制过，装于一次性泡沫塑料盒中。编码为：1602.3299。

分析： 本题商品中鸡和鱿鱼的含量超过 20%（鸡块加鱿鱼丝为 70 克，占 28%），因此本题归入第 16 章，鸡块的重量比鱿鱼的含量高，因此归入 1602.3299。

【例 3】 一种可用微波炉加热的方便快餐食品，净含量 250 克，其中含面条 200 克、鸡块 20 克、卷心菜 30 克，食品已预先烧制过，装于一次性泡沫塑料盒中。编码为：1902.3030。

分析： 本题商品中鸡肉的含量未超过 20%，因此不能归入第 16 章，按构成商品基本特征的面食归入 1902.3030。

【例 4】 冷冻水饺（含猪肉 30%、甜玉米 30%、面粉 40%）。编码为：1902.2000。

分析： 虽然猪肉的含量超过了 20%，但由于水饺属于 1902 的包馅食品，因此不归入第 16 章。

【例 5】 以牛肉和蔬菜为基本配料（其中牛肉占 25%），制成细腻糊状，专供婴儿食用的食品，200 克装。编码为：2104.2000。

分析： 该商品是含有动物原料和植物原料的婴儿专用的均化混合食品，需要注意的是不能因为动物原料（牛肉）超过 20%，就归入第 16 章，而是归入 2104.2000。

3. 均化食品的归类

只有重量不超过 250 克才能按均化食品归类，如果超过这个重量，则不能再按均化食品归类。

【例 1】 密封塑料袋装婴儿均化食品，成分含量：牛肉 30%、胡萝卜 65%、其他配料 5%。净重 200 克，编码为：2104.2000。

【例 2】 密封塑料袋装婴儿均化食品，成分含量：牛肉 30%、胡萝卜 65%、其他配料 5%。净重 500 克，编码为：1602.5090。

分析： 本题为 500 克，不能按均化食品归类。由于牛肉的含量是 30%，根据第 16 章章注二，肉类货品的含量超过 20%，因此按牛肉归入 1602.5090。

注意：除了第 16 章 1602.10 所提到的均化食品以外，在第 20 章和第 21 章都提到了均化食品，具体品目是 2005、2007、2104。

4. 糖的归类

各种糖（例如，蔗糖、乳糖、麦芽糖、葡萄糖及果糖），以及糖浆、人造蜜、焦糖、提取或精炼糖时所剩的糖蜜以及糖食应归入第 17 章。但是，化学纯糖（蔗糖、乳糖、麦芽糖、葡萄糖及果糖除外）应归入品目 2940。

5. 可可食品的归类

第 18 章可可食品的归类应注意本章章注一的规定，含可可的食品有些可归入本章，有些则应归入其他章。例如，含可可的饮料不能按含可可食品归入品目 1806，而应按饮料归入品目 2202。

6. 酒的归类

应在能够正确区分各种常见酒的加工方法的基础上掌握不同酒的归类，即发酵酒归入品目 2203～2206，而蒸馏酒归入品目 2207～2208。例如，黄酒属于发酵酒，应归入品目 2206，而威士忌酒属于蒸馏酒，应归入品目 2208。

7. 实例分析

（1）含脱脂奶粉、豆粉、植物油、矿物质和维生素等多种添加物的爱儿乐牌奶粉，可可含量 4%：1901.1090。

（2）由添加食盐、味精等调味物质的土豆（马铃薯）粉制成的食用土豆片：1902.3090。

（3）冷冻的马铃薯：0710.1000。

（4）马铃薯细粉：1105.1000。

（5）马铃薯淀粉：1108.1300。

（6）薯条（用土豆切成条后经油炸而得）：2005.2000。

（7）供早餐用的加有少量糖的燕麦片，已经烘炒加工，冲泡后即可食用：1904.1000。

（8）韩式大麦茶，由大麦烘炒磨碎制得每 10 克装于纸袋，食用时连袋一起在热水中浸泡：1904.1000。

（9）由多种精制的植物花粉和乳糖制成的营养保健花粉制品：2106.9090。

（10）菠萝原汁中加入 20%的水组成的混合物（白利糖度值小于 20；供饮用）：2202.9900。

（11）“女儿红”牌米酒（酒精浓度 15%），用 2 升的陶罐盛装：2206.0090。

任务二　跨境电商进口税费计算

跨境电商进口货物需要缴纳进口税。进口税费作为商品的成本之一，直接影响商品的价格竞争力和企业的经营效益。因此，关务人员应该掌握跨境电商的进口税收政策和计算方法，懂得进行税务筹划，帮助企业提高经营效益。

一、跨境电商综合税的计算

（一）适用范围界定

根据财政部、海关总署、税务总局联合发布的《关于跨境电子商务零售进口税收政策的通知》（财关税〔2016〕18号），自2016年4月8日起，我国实施跨境电子商务零售（企业对消费者，即B2C）进口税收政策，跨境电子商务零售进口税收政策适用于从其他国家或地区进口的、《跨境电子商务零售进口商品清单》范围内的以下商品：

（1）所有通过与海关联网的电子商务交易平台交易，能够实现交易、支付、物流电子信息“三单”比对的跨境电子商务零售进口商品；

（2）未通过与海关联网的电子商务交易平台交易，但快递、邮政企业能够统一提供交易、支付、物流等电子信息，并承诺承担相应法律责任进境的跨境电子商务零售进口商品。

（二）纳税义务人

购买跨境电子商务零售进口商品的个人作为纳税义务人，电子商务企业、电子商务交易平台企业或物流企业可作为代收代缴义务人。

（三）计征方法

跨境电商综合税的计征方法为从价税。

（四）完税价格

跨境电商综合税的完税价格为电商平台的实际交易价格（包括货物零售价格、运费和保险费）。

（五）计算方法及税率

财政部、海关总署、税务总局联合发布的《关于完善跨境电子商务零售进口税收政策的通知》（财关税〔2018〕49号）规定：跨境电子商务零售进口商品的单次交易限值为人民币5 000元，个人年度交易限值为人民币26 000元。在限值以内进口的跨境电子商务零售进口商品，关税税率暂设为0；进口环节增值税、消费税取消免征税额，暂按法定应纳税额的70%征收。超过单次限值、累加后超过个人年度限值的单次交易，以及完税价格超过限值的单个不可分割商品，均按照一般贸易方式全额征税。

因此，在规定限值以内的跨境电子商务零售进口商品，计算公式如下：

计税价格＝购买单价×件数

跨境电商消费税税额＝计税价格÷（1－消费税税率）×消费税税率×0.7

跨境电商增值税税额＝（计税价格＋一般贸易消费税税额）×增值税税率×0.7

＝计税价格÷（1－消费税税率）×增值税税率×0.7

实际工作中，海关征税时，消费税与增值税是分两个税分别计算和征收的。企业为了业务操作方便，把跨境电商消费税和跨境电商增值税合并计算，称之为“跨境电商综合税”。跨境电商综合税的计算结果与两个税分开计算的合计税额可能会有细小的差别，但不影响企业的内部税费筹划工作。跨境电商综合税的计算公式如下：

跨境电商综合税税额＝计税价格×跨境电商综合税税率

跨境电商综合税税率＝[（消费税税率＋增值税税率）/（1－消费税税率）]×0.7

（六）计算示例

某国内消费者从某跨境电商平台购买了 2 罐进口奶粉，每罐交易价格为 200 元。已知该奶粉的税号为 0402.2900，进口增值税税率为 13%，无消费税。试计算 2 罐奶粉应缴纳的进口税。

计税价格＝购买单价×件数＝200×2＝400（元）

因为消费税税率为 0，因此跨境电商消费税税额为 0 元。

跨境电商增值税税额＝计税价格÷(1－消费税税率)×增值税税率×0.7

＝400×13%×0.7＝36.4（元）

因此，该消费者应承担 36.4 元的进口税额，每罐 18.2 元。

案例分享

进口货物低报、瞒报案

【案情简介】

根据鄞州海关行政处罚决定书甬鄞关缉查字〔2023〕207 号，2021 年 2 月至 2021 年 8 月期间，宁波 WY 公司以一般贸易方式向海关申报进口燕麦共计 20 票，申报燕麦等商品 20 项，共计 8 258 820 千克，申报税则号列 1004900000，申报 CIF 总价共计 2 974 086.88 澳大利亚元。经查，当事人为牟取非法利益，采用低报价格、瞒报运保费等方式，将燕麦的成交价格改低，并将其他成交方式更改为 C&F 或 CIF，制作虚假合同、发票提交给代理公司用于向海关申报进口。经计核，上述 20 票报关单涉及燕麦共计 8 258 820 千克，实际计税价格计人民币 17 427 327.46 元，偷逃税款计人民币 241 907.86 元。

依照《中华人民共和国海关行政处罚实施条例》第九条第一款第（三）项之规定，海关决定对当事人作出没收走私货物的行政处罚。鉴于上述走私货物已销售完毕无法没收，海关追缴应没收走私货物的等值价款计人民币 2 687 865.14 元。

【案例分析】

根据《中华人民共和国海关法》第二十四条，进出口企业有如实申报的义务。根据《中华人民共和国海关法》第八十二条及《中华人民共和国海关行政处罚实施条例》第七条，海关将低报成交价格以及瞒报运保费的行为定性为走私行为。

关于走私行为的处罚，根据《中华人民共和国海关行政处罚实施条例》第九条，走私国家禁止进出口的货物的，没收走私货物及违法所得，可以并处100万元以下罚款；走私国家禁止进出境的物品的，没收走私物品及违法所得，可以并处10万元以下罚款；应当提交许可证件而未提交但未偷逃税款，走私国家限制进出境的货物、物品的，没收走私货物、物品及违法所得，可以并处走私货物、物品等值以下罚款；偷逃应纳税款但未逃避许可证件管理，走私依法应当缴纳税款的货物、物品的，没收走私货物、物品及违法所得，可以并处偷逃应纳税款3倍以下罚款。

资料来源：中华人民共和国鄞州海关行政处罚决定书甬鄞关缉查字〔2023〕207号.(2023-11-21)[2024-08-28]. http://gec.customs.gov.cn/ningbo_customs/470752/4290267/4955830/4955834/4955837/4955839/5509288/index.html.

【案例启示】

依法纳税是每个企业和公民的基本义务。作为社会的一员，每个人都应该遵守国家的税收法律法规，积极履行纳税义务，为国家的经济发展和社会进步做出贡献。进出口企业的关务人员应当坚持诚实守信的职业品格，认真履行如实申报的义务，切莫为了偷逃税款铤而走险，否则会使企业和个人面临极大的风险。

二、行邮税的计算

（一）行邮税的含义

行邮税是行李和邮递物品进口税的简称，是海关对入境旅客行李物品和邮递物品征收的进口税。行邮税的征税对象是旅客行李物品、个人邮递物品、其他个人自用物品。行邮税的特点有以下三个方面：

（1）需要纳税的是进境物品。

（2）关税和进口环节海关代征税合二为一。

（3）设有单独的税率表，根据物品类别的划分设有相应的单一的进口税率。

（二）行邮税的纳税义务人

行邮税的纳税义务人包括携有应税个人自用物品的入境旅客及运输工具服务人员、进口邮递物品的收件人、以其他方式进口应税个人自用物品的收件人。

（三）完税价格及税率

行邮税的完税价格及税率要依据海关总署最新公告的《中华人民共和国进境物品完税价格表》（以下简称《完税价格表》）来确定。海关总署2019年第63号公告发布的《完税价格表》（部分内容）见表4-4。

《中华人民共和国进境物品完税价格表》（2019年版）

根据2019年版《完税价格表》可知，行邮税的税率主要分为13%、20%、50%三个档次（个别物品如抗癌药品的税率为3%除外）。

表 4-4　进境物品完税价格表（2019 年版）（部分内容）

税号	品名及规格	单位	完税价格（人民币：元）	税率
01030100	抗癌药品	件	另行确定	3%
01010400	参	千克	2 000	13%
01010700	奶粉	千克	200	13%
02050000	威士忌	瓶（不超过 750 毫升）	300	50%
02070000	白酒	瓶（不超过 750 毫升）	300	50%
07010100	高档手表（审定价格在人民币 10 000 元及以上）	块	另行确定	50%
07010210	石英表（电子表）	块	200	20%
07010220	机械表	块	500	20%
08010000	金银	件	另行确定	13%
08020100	钻石及钻石首饰	件	另行确定	20%
09010111	香水及花露水	瓶	300	50%（见注 1）
09010112	香水及花露水	瓶	300	20%（见注 1）
09020110	洗面奶、洁面霜	支、瓶	100	20%
09020241	精华液（素）	支、瓶	300	50%（见注 1）
09020242	精华液（素）	支、瓶	300	20%（见注 1）
17010110	一体式数字照相机	台	2 000	13%
17020200	视频摄录一体机	台	4 000	13%
19010100	台式个人计算机主机	台	2 000	13%
19010310	键盘式笔记本电脑	台	2 000	13%

注 1：完税价格≥10 元/毫升（克）的，税率为 50%；完税价格<10 元/毫升（克）的，税率为 20%。

根据海关总署公告 2012 年第 15 号（《关于修订〈中华人民共和国进境物品归类表〉和〈中华人民共和国进境物品完税价格表〉的公告》），进境物品完税价格遵循以下原则确定：

（1）对于《完税价格表》已列明完税价格的物品，海关按照《完税价格表》确定。

（2）对于《完税价格表》未列明完税价格的物品，按照相同物品相同来源地最近时间的主要市场零售价格确定其完税价格。

（3）实际购买价格是《完税价格表》列明完税价格的 2 倍及以上，或是《完税价格表》列明完税价格的 1/2 及以下的物品，进境物品所有人应向海关提供销售方依法开具的真实交易的购物发票或收据，并承担相关责任。海关可以根据物品所有人提供的上述相关凭证，依法确定应税物品完税价格。

例如：某居民收到国外朋友寄来的机械手表，发票列明价格为 7 000 元。虽然《完税价格表》对应的完税价格为 500 元，但海关应依据发票确定完税价格为 7 000 元。

（四）行邮税的计算方法

行邮税的计算公式为：

行邮税＝完税价格×税率

注意四个问题：一是进境物品《完税价格表》中的税率仅适用于进境物品，不适用于货物；二是行邮税的起征额为人民币50元，少于或等于50元免征；三是进境居民旅客携带在境外获取的个人自用进境物品总值在人民币5 000元以内（含5 000元）的，海关免税放行，单一品种限自用、合理数量，但烟草制品、酒精制品及国家规定应当征税的20种商品另按有关规定办理；四是邮递物品有限额规定，港澳台地区邮递入境的限额是800元，其他地区的限额是1 000元，超过上限需要按规定退运或按一般贸易货物办理报关（含纳税）手续。

【例1】某进境居民携带境外获取的行李超出5 000元的限值，超出部分为6罐奶粉（每罐1千克），应缴纳多少行邮税？

解：行邮税＝完税价格×税率

＝200×6×13%＝156（元）

【例2】某进境居民携带境外获取的行李超出5 000元的限值，超出部分为1罐奶粉（每罐1千克），应缴纳多少行邮税？

解：行邮税＝完税价格×税率

＝200×1×13%＝26（元）

由于26元未超过起征点50元，因此海关免征放行。

【例3】某国内居民从境外网站购买了2瓶香水（税号：09010112）通过快递运送入境。该香水每瓶300元（50毫升装），应缴纳多少行邮税？

解：由于每瓶300元/50毫升，未达到10元/毫升，因此适用的税率为20%。

行邮税＝完税价格×税率

＝300×2×20%＝120（元）

【例4】某国内居民从法国电商平台购买了4瓶香水（税号：09010111）通过快递运送入境。该香水每瓶300元，被海关查扣后收货人应如何处理？

解：由于4瓶香水的价值为1 200元，超过了国家对邮递物品的限额规定，因此不适用行邮物品的管理规定，收货人应办理退运手续或者按照货物监管制度规定委托报关行申报报关单办理通关手续。

三、跨境电商进口税费筹划

对于进境个人物品，企业可以考虑以9610直购模式申报入境，也可以以行邮模式申报入境。在选择进境渠道时，企业要考虑进口税费成本。

以下根据2024年的进口税政策，举例说明从税费成本的角度企业对个人物品进境渠道的选择。

【例1】 奶粉，增值税税率为13%，无消费税，行邮物品完税价格为200元，行邮税税率为13%。

进境渠道	商品类型	单价（元）	税率	税费（元）	含税价（元）	结论
9610直购	奶粉	200	9.1%	18.2	218.2	行邮税税率为13%且总价在384.61元以下的商品以行邮渠道进境成本更低
邮递	奶粉	200	13%	26 （免征）	200	

【例2】 服装，增值税税率为13%，无消费税，行邮物品完税价格为300元，行邮税税率为20%。

进境渠道	商品类型	单价（元）	税率	税费（元）	含税价（元）	结论
9610直购	服装	300	9.1%	27.3	327.3	行邮税税率为20%且总价在250元以上的商品以9610直购渠道进境成本更低
邮递	服装	300	20%	60	360	

【例3】 行邮税税率为50%的香水，增值税税率为13%，消费税税率为15%，行邮物品完税价格为300元。

进境渠道	商品类型	单价（元）	税率	税费（元）	含税价（元）	结论
9610直购	香水	300	23.06%	69.18	369.18	行邮税税率为50%且总价在100元以上的商品以9610直购渠道进境成本更低
邮递	香水	300	50%	150	450	

从以上分析可知，进境个人物品的行邮税如果没有超过50元，则以行邮渠道进境成本较低，否则一般以9610直购渠道进境成本较低。另外要注意，行邮模式分为行李和邮递物品两种，其中邮递物品有限额规定。

任务三　跨境电商报关单填制

跨境电商通关模式中，1210进口模式、1210出口模式的入区和大货出区业务、9710出口报关单模式、9810出口报关单模式都要向海关申报报关单。掌握了报关单的填制技能以后，特殊区域的核注清单、核放单等单证的填制就能很快掌握。因此，报关单的填制是跨境电商关务人员必须掌握的基本技能之一。

报关企业的关务人员应根据海关总署公告的最新填制规范的要求，在“单一窗口”

系统中录入报关单各申报栏目。

其中，报关单的预录入编号和海关编号由系统自动生成，无须人工录入。预录入编号指预录入报关单的编号，海关编号指海关接受申报时给予报关单的编号。

报关单预录入编号和海关编号都是18位，其中第1～4位为接受申报海关的代码，第5～8位为录入/海关接受申报时的公历年份，第9位为进出口标志（“1”为进口，“0”为出口；集中申报清单“I”为进口，“E”为出口），后9位为顺序编号。

一、境内收货人/境内发货人

（一）填报要求

进口报关单的内容为境内收货人，出口报关单的内容为境内发货人。

境内收发货人填报在海关备案的对外签订并执行进出口贸易合同的中国境内法人、其他组织名称及编码。编码填报18位法人和其他组织统一社会信用代码，没有统一社会信用代码的，填报其在海关的备案编码。

在单一窗口系统中录入企业信息时，分统一社会信用代码、海关代码、检验检疫编码、企业名称四个栏目，如图4－12所示。只要准确录入其中一个栏目的内容，系统会自动填入另几个栏目的内容。

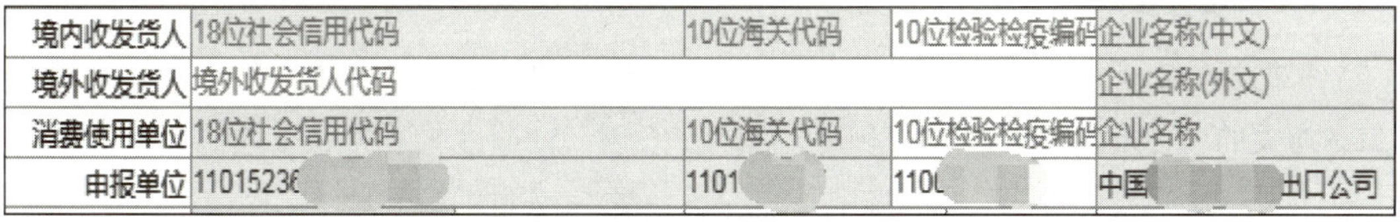

境内收发货人	18位社会信用代码	10位海关代码	10位检验检疫编码	企业名称(中文)
境外收发货人	境外收发货人代码			企业名称(外文)
消费使用单位	18位社会信用代码	10位海关代码	10位检验检疫编码	企业名称
申报单位	11015236	1101	110	中国 出口公司

图4－12　“单一窗口”系统中相关企业的录入

这里的“海关代码”就是企业在海关备案登记后海关给予的10位编号，也称海关编码。例如：广州XX有限公司的编码为4401931450。其中，第1～4位是进出口单位属地的行政区划代码；第5位是市内经济区划代码；第6位是进出口企业经济类型代码；第7～10位是顺序编号。海关编码中的第5位、第6位代码及其含义见表4－5。

表4－5　报关单位海关代码中的第5位、第6位代码及其含义

经济区划代码	经济区划（代码第5位数字）	企业性质代码	企业性质（代码第6位数字）
1	经济特区	1	国有企业
2	经济技术开发区	2	中外合作企业
3	高新技术开发区	3	中外合资企业
4	保税区	4	外商独资企业
9	其他	5	有进出口经营权的集体企业

续表

<table>
<tr><th>经济区划代码</th><th>经济区划
（代码第 5 位数字）</th><th>企业性质代码</th><th>企业性质
（代码第 6 位数字）</th></tr>
<tr><td colspan="2" rowspan="4">注：上海浦东新区、海南洋浦经济开发区、苏州工业园区的经济区划代码也是“2”。</td><td>6</td><td>有进出口经营权的私营企业</td></tr>
<tr><td>7</td><td>有进出口经营权的个体工商户</td></tr>
<tr><td>8</td><td>有报关权而无进出口经营权的企业</td></tr>
<tr><td>9</td><td>其他</td></tr>
</table>

（二）数据出处

本栏目的名称和代码数据由跨境电商企业提供并确认，名称一般是合同或发票上的境内企业的中文名称。

企业的名称和代码可以在企业的营业执照、报关单位注册登记证书或备案回执上查看，企业的 18 位统一社会信用代码也可通过“国家企业信用信息公示系统”（http://www.gsxt.gov.cn）辅助查询。

二、进境关别/出境关别

进口报关单的内容为进境关别，出口报关单的内容为出境关别。

（一）填报要求

根据货物实际进出境的口岸海关，填报海关规定的关区代码表（见表 4-6）中相应口岸海关的名称及代码。

表 4-6　关区代码表（部分）

关区代码	关区名称	关区代码	关区名称	关区代码	关区名称
0202	新港海关	2233	浦东机场	3104	北仑海关
0402	秦皇岛关	2301	连云港关	3501	马尾海关
0902	大连机场	2365	张家港保税港区	4001	南昌海关
1501	长春海关	2325	昆山海关	4601	郑州海关
2201	浦江海关	2921	义乌海关	5103	清远海关
2202	吴淞海关	2909	杭经开关	7201	南宁海关

（二）数据出处

在提/运单上会有装货港或卸货港的信息，作为初步判断出境关别的依据，也可使用海关总署舱单信息查询系统查询货物的承运运输工具的进出境关别。

三、进口日期/出口日期

进口报关单的内容为进口日期，出口报关单的内容为出口日期。

进口日期填报运载进口货物的运输工具申报进境的日期。出口日期指运载出口货物的运输工具办结出境手续的日期，本栏目在申报时免予填报。

进出口日期为 8 位数字，顺序为年（4 位）、月（2 位）、日（2 位）。

四、申报日期

申报日期为海关计算机系统接受申报数据时记录的日期。

本栏目在申报时免予填报。

五、备案号

备案号填报进出口货物收发货人、消费使用单位、生产销售单位在海关办理的备案文件的编号。

1210 模式进口/1210 模式大货出区时填写特殊区域的物流账册编号。1210 模式货物入区、9710/9810 模式下一般不用填写。

六、境外发货人/境外收货人

进口报关单的内容为境外发货人，出口报关单的内容为境外收货人。

境外发货人通常指签订并执行进口贸易合同中的卖方，境外收货人通常指签订并执行出口贸易合同中的买方或合同指定的收货人。

（一）填报要求

填报境外收/发货人的名称及编码。

（1）名称一般填报英文名称。

（2）对于 AEO 互认国家（地区）企业的，编码填报 AEO 编码，填报样式为："国别（地区）代码＋海关企业编码"（如新加坡 AEO 企业填报样式为：SG123456789012，韩国 AEO 企业填报样式为：KR1234567）；非互认国家（地区）AEO 企业等其他情形，编码免予填报。

跨境电商 1210 模式货物入区、1210 模式大货出区及 9810 模式出口时，境外收货人名称可填报"NO"。

（二）数据出处

在外贸合同、商业发票、装箱单等单据中都可查到境外收货人的英文名称。

七、运输方式

运输方式填报货物实际进出境的运输方式，按进出境所使用的运输工具分类。

运输方式代码表

（一）填报要求

根据货物实际进出境的运输方式或货物在境内流向的类别，按照海关规定的运输方式代码表选择填报相应的运输方式，水路运输代码为 2，航空运输代码为 5。

（二）数据出处

对于实际进出境的货物，本栏目数据填报可从运输单据的类型进行判断。无实际进出境货物在境内流转时按下列要求填报：

（1）境内非保税区运入保税区货物和保税区退区货物，填报“非保税区”（代码 0）。

（2）保税区运往境内非保税区货物，填报“保税区”（代码 7）。

（3）从境内保税物流中心外运入中心或从中心运往境内中心外的货物，填报“物流中心”（代码 W）。

（4）从境内保税物流园区外运入园区或从园区内运往境内园区外的货物，填报“物流园区”（代码 X）。

（5）保税港区、综合保税区与境内（区外）（非海关特殊监管区域、保税监管场所）之间进出的货物，填报“保税港区/综合保税区”（代码 Y）。

（6）出口加工区、珠澳跨境工业区（珠海园区）、中哈霍尔果斯边境合作中心（中方配套区）与境内（区外）（非海关特殊监管区域、保税监管场所）之间进出的货物，填报“出口加工区”（代码 Z）。

（7）海关特殊监管区域内的流转、调拨货物，海关特殊监管区域、保税监管场所之间的流转货物，海关特殊监管区域与境内区外之间进出的货物，以及其他境内流转货物，填报“其他运输”（代码 9）。

八、运输工具名称及航次号

（一）填报要求

填报载运货物进出境的运输工具名称或编号及航次号。填报内容应与运输部门向海关申报的舱单（载货清单）所列相应内容一致，否则会被系统退单处理，需要重新录入。

无实际进出境的货物，免予填报。

在系统录入时，运输工具名称及航次号是分两个栏目录入的，如图 4－13 所示。

运输工具名称		航次号	

图 4－13 “单一窗口”系统中运输工具名称及航次号栏目

（二）数据出处

根据提单或运单上所列的运输工具名称（提单 OCEAN VESSEL 栏或空运单 FLIGHT 栏等）及航次号（VOYAGE）进行填写。

纸质报关单需要在运输工具名称和航次号之间加“/”，例如海运提单上的船舶信息为“HUANG HE/V. N097”，则本栏目填写为“HUANG HE/N097”，“V.”不用写。类似的，“S/S”“M/V”用于船名之前，“VOY.”用于航次之前。上述简写在录入运输工具信息时都不用填写。

（三）运输工具名称具体填报要求

（1）水路运输：填报船舶编号（来往港澳小型船舶为监管簿编号）或者船舶英文名称。

（2）公路运输：启用公路舱单前，填报该跨境运输车辆的国内行驶车牌号，深圳提前报关模式的报关单填报国内行驶车牌号＋“/”＋“提前报关”。启用公路舱单后，免予填报。

（3）铁路运输：填报车厢编号或交接单号。

（4）航空运输：填报航班号。

（5）邮件运输：填报邮政包裹单号。

（6）其他运输：填报具体运输方式名称，如管道、驮畜等。

（四）航次号具体填报要求

（1）水路运输：填报船舶的航次号。

（2）公路运输：启用公路舱单前，填报运输车辆的8位进出境日期（顺序为年（4位）、月（2位）、日（2位），下同）。启用公路舱单后，填报货物运输批次号。

（3）铁路运输：填报列车的进出境日期。

（4）航空运输：免予填报。

（5）邮件运输：填报运输工具的进出境日期。

（6）其他运输方式：免予填报。

九、提运单号

（一）填报要求

填报进出口货物提单或运单的编号。无实际进出境的货物，免予填报。

一份报关单只允许填报一个提单或运单号。一票货物对应多个提单或运单时，应“分单填报”（分成两个或多个报关单）。

（1）水路运输：填报进出口提单号。如有分提单的，填报进出口提单号＋“*”＋分提单号。

（2）公路运输：启用公路舱单前，免予填报；启用公路舱单后，填报进出口总运单号。

（3）铁路运输：填报运单号。

（4）航空运输：填报总运单号＋“_”＋分运单号，无分运单的填报总运单号。

（5）邮件运输：填报邮运包裹单号。

（二）数据出处

本栏目数据来自提单编号（B/L NO.）或航空运单编号（AWB NO.）等。

十、货物存放地点

1210 模式的进口报关单填报进口货物进境后存放的场所或地点（特殊区域）的名称。

十一、消费使用单位/生产销售单位

进口报关单的内容为消费使用单位，出口报关单的内容为生产销售单位。

消费使用单位是指已知的进口货物在境内的最终消费、使用单位，包括自行进口货物的单位或者委托进出口企业进口货物的单位。

生产销售单位是指出口货物在境内的生产或销售单位，包括自行出口货物的单位或委托进出口企业出口货物的单位。

（一）填报要求

编码栏填报 18 位法人和其他组织统一社会信用代码。名称栏填报单位名称。

（二）数据出处

由于跨境电商企业一般属于自营进出口的情形，因此本栏目数据与境内收发货人栏目相同。

十二、监管方式

监管方式是以国际贸易中进出口货物的交易方式为基础，结合海关对进出口货物的征税、统计及监管条件综合设定的海关对进出口货物的管理方式。其代码由 4 位数字构成，前两位是按照海关监管要求和计算机管理需要划分的分类代码，后两位是参照国际标准编制的贸易方式代码。

9710 模式的监管方式填写代码 9710，9810 模式的监管方式填写代码 9810。1210 模式进口报关单的监管方式填写代码 1210，1210 模式出口报关单（货物入区）的监管方式填写代码 0110，1210 模式出境备案清单（货物出口）的监管方式填写代码 1210。

十三、征免性质

9710/9810 和 1210 模式出口报关单（货物入区）的征免性质填写“一般征税”，代码为 101。1210 模式进口和 1210 模式出境备案清单（货物出口）的征免性质不用填写。

十四、许可证号

（一）填报要求

填报进（出）口许可证、两用物项和技术进（出）口许可证、两用物项和技术出口许可证（定向）、纺织品临时出口许可证的编号。

（二）数据出处

数据来自上述提到的许可证上的编号，需要查询商品的监管条件确定是否需要许可证。

十五、启运港

启运港是指1210模式进口业务的货物在运抵我国关境前的第一个境外装运港。

（一）填报要求

根据实际情况，按海关规定的港口代码表（见表4-7）填报相应的港口名称及代码（在港口名称后面还有所属的国家（地区）名称）；未在港口代码表中列明的，填报相应的国家名称及代码。

（二）数据出处

查看进口运输单据中的装运港（port of loading）。若有转运，填报第一个装运港。

表4-7 港口代码表（部分）

代码	中文名称	英文名称
CHN331	上海（中国）	Shanghai, China
SGP005	新加坡（新加坡）	Singapore, Singapore
CHN731	深圳（中国）	Shenzhen, China
KOR003	釜山（韩国）	Busan, Korea (Republic of)
HKG003	香港（中国香港）	Hong Kong, Hong Kong (China)
NLD066	鹿特丹（荷兰）	Rotterdam, Netherlands
ARE018	迪拜（阿联酋）	Dubai, United Arab Emirates
MYS105	巴生港（马来西亚）	Port Kelang, Malaysia
USA264	洛杉矶（美国）	Los Angeles, United States
DEU063	汉堡（德国）	Hamburg, Germany
CHN000	中国境内	China

十六、合同协议号

（一）填报要求

填报进出口货物合同（包括协议或订单）编号。未发生商业性交易的免予填报。

（二）数据出处

数据来自外贸合同上的编号。

十七、贸易国（地区）

（一）填报要求

发生商业性交易的进口填报购自国（地区），出口填报售予国（地区）。未发生商业性交易的填报货物所有权拥有者所属的国家（地区）。

按海关规定的国别（地区）代码表（见表 4－8）选择填报相应的贸易国（地区）中文名称及代码。

国别（地区）代码表

表 4－8　国别（地区）代码表（部分）

代码	中文名称	英文名称	代码	中文名称	英文名称
AUS	澳大利亚	Australia	BRA	巴西	Brazil
TWN	中国台湾	Taiwan (Province of China)	CHN	中国	China
DEU	德国	Germany	HKG	中国香港	Hong Kong(China)
KOR	韩国	Korea (the Republic of)	IND	印度	India
RUS	俄罗斯联邦	Russian Federation (the)	FRA	法国	France
USA	美国	United States of America (the)	SGP	新加坡	Singapore
GBR	英国	United Kingdom of Great Britain and Northern Ireland (the)	JPN	日本	Japan

（二）数据出处

数据来自外贸合同或发票上的境外贸易企业所在国家（地区）。

十八、启运国（地区）/运抵国（地区）

进口报关单的内容为启运国（地区），出口报关单的内容为运抵国（地区）。

启运国（地区）填报进口货物启始发出直接运抵我国或者在运输中转国（地）未发生任何商业性交易的情况下运抵我国的国家（地区）。

运抵国（地区）填报出口货物离开我国关境直接运抵或者在运输中转国（地区）未发生任何商业性交易的情况下最后运抵的国家（地区）。

不经过第三国（地区）转运的直接运输进出口货物，以进口货物的装货港所在国（地区）为启运国（地区），以出口货物的指运港所在国（地区）为运抵国（地区）。

经过第三国（地区）转运的进出口货物，如在中转国（地区）发生商业性交易，则以中转国（地区）作为启运/运抵国（地区）。

（一）填报要求

按海关规定的国别（地区）代码表（见表 4－8）选择填报相应的启运国（地区）或

运抵国（地区）中文名称及代码。

无实际进出境的货物，填报“中国”及代码。

（二）数据出处

数据来自运输单据的目的港（port of destination）和转运（transsshipment 或 via 等）情况，需要同时核对外贸合同或商业发票交易对方所在国家（地区）。

（三）如何判断货物有中转时是否发生买卖关系（商业性交易）

【例 1】 我国 A 公司与美国 B 公司签署进口合同，货物从纽约直接运输至上海，那么启运国为美国。（没有发生中转）

【例 2】 我国某公司进口一批货物，货物从伦敦启运途经香港转运至上海。如果在香港中转时没有发生买卖关系，则启运国（地区）仍为英国；如果在香港中转时发生了买卖关系，那么启运国（地区）为中国香港。是否发生买卖关系，从发票的出票人来判断，看是由谁开出的发票。在本例中，如果是由英国公司开出的发票，则在香港中转时没有发生买卖关系，货物仍然是由英国公司卖给我国企业的，启运国（地区）仍为英国；如果是由中国香港公司开出的发票，则说明货物在香港中转时发生了买卖关系，货物是由中国香港公司卖给我国内地企业的，启运国（地区）为中国香港，启运港仍为伦敦。

十九、经停港/指运港

进口报关单的内容为经停港，出口报关单的内容为指运港。

经停港是指进口货物在运抵我国关境前的最后一个境外装运港。

指运港是指出口货物运往境外的最终目的港；最终目的港不可预知的，按尽可能预知的目的港填报。

（一）填报要求

根据实际情况，按海关规定的港口代码表选择填报相应的港口名称及代码。经停港/指运港在港口代码表中无港口名称及代码的，可选择填报相应的国家名称及代码。注意在港口后面加上所属的国家（地区）名称。

（二）数据出处

数据来自运输单据的装货港/目的港和转运情况。

无实际进出境的货物，填报“中国境内”及代码。

国内口岸代码表

二十、入境口岸/离境口岸

进口报关单的内容为入境口岸，出口报关单的内容为离境口岸。

（一）填报要求

按海关规定的国内口岸代码表（见表 4－9）选择填报相应的境内口岸名称及代码。无实际进出境的货物，填报货物所在地的城市名称及代码。

表 4－9　国内口岸代码表（部分）

代码	出入境口岸名称	代码	出入境口岸名称	代码	出入境口岸名称
110001	北京	310001	上海	330001	杭州
110002	北京平谷国际陆港	310011	中国（上海）自由贸易试验区	331101	杭州保税物流园区（B 型）
110003	北京天竺综合保税区	311201	上海站	333301	杭州出口加工区
110101	首都国际机场	310402	吴淞	333302	杭州中和保税区
110301	北京朝阳口岸	311002	洋山港	330002	杭州萧山国际机场

入境口岸/离境口岸类型包括港口、码头、机场、机场货运通道、边境口岸、火车站、车辆装卸点、车检场、陆路港、坐落在口岸的海关特殊监管区域等。

入境口岸填报进境货物从跨境运输工具卸离的第一个境内口岸的中文名称及代码；采取多式联运跨境运输的，填报多式联运货物最终卸离的境内口岸中文名称及代码；从海关特殊监管区域或保税监管场所进境的，填报海关特殊监管区域或保税监管场所的中文名称及代码。

离境口岸填报装运出境货物的跨境运输工具离境的第一个境内口岸的中文名称及代码；采取多式联运跨境运输的，填报多式联运货物最初离境的境内口岸中文名称及代码；从海关特殊监管区域或保税监管场所离境的，填报海关特殊监管区域或保税监管场所的中文名称及代码。

（二）数据出处

入境口岸数据参考进口贸易运输单据的目的港（目的地），根据实际情况填写。

离境口岸数据参考出口贸易运输单据的装货港（装货地），根据实际情况填写。

二十一、包装种类

（一）填报要求

填报出口货物的所有包装材料，包括包装种类（如图 4－14 所示）和其他包装（如图 4－15 所示）。按海关规定的包装种类代码表（见表 4－10）选择填报相应的包装种类名称及代码。

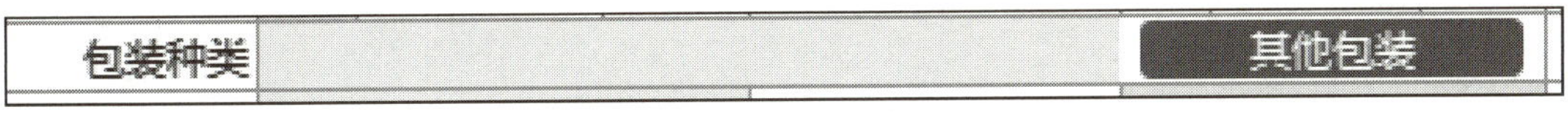

图 4-14　“单一窗口”系统中包装种类栏目

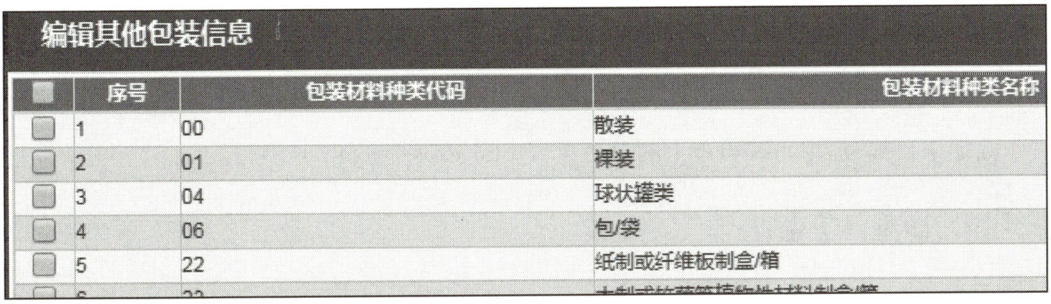

图 4-15　“单一窗口”系统中其他包装编辑窗口

表 4-10　包装种类代码表

国标码	中文名称	国标码	中文名称	国标码	中文名称
22	纸制或纤维板制盒/箱	39	其他材料制桶	00	散装
23	木制或竹藤等植物性材料制盒/箱	92	再生木托	01	裸装
29	其他材料制盒/箱	93	天然木托	04	球状罐类
32	纸制或纤维板制桶	98	植物性铺垫材料	06	包/袋
33	木制或竹藤等植物性材料制桶	99	其他包装		

包装种类填报运输包装，指提/运单所列货物件数单位对应的包装，如托盘、纸箱等。

其他包装包括货物的各类辅助包装，尤其是植物性铺垫材料等。

（二）数据出处

数据来自提/运单、装箱单上的包装情况（packages）等栏目。包装种类与件数一般会一起显示，如 130 CTNS。

二十二、件数

（一）填报要求

填报进出口货物运输包装的件数。报关单的件数必须与舱单的件数一致。

舱单中的件数为集装箱的，填报集装箱个数。舱单中的件数为托盘的，填报托盘数。

件数不得填报“0”，裸装货物填报“1”。

（二）数据出处

数据来自舱单、提/运单、装箱单上的唛头（marks）、包装情况（packages）等栏目。

二十三、毛重（千克）

（一）填报要求

填报进出口货物及其包装材料的重量之和，计量单位为千克，精确到两位小数。

（二）数据出处

数据来自提/运单、装箱单上的总毛重（total gross weight）栏目。

二十四、净重（千克）

（一）填报要求

填报进出口货物的毛重减去外包装材料后的重量，即货物本身的实际重量，计量单位为千克，精确到两位小数。

（二）数据出处

数据来自装箱单上的总净重（total net weight）栏目。

二十五、成交方式

（一）填报要求

根据进出口货物实际成交价格条款，按海关规定的成交方式代码表选择填报相应的成交方式代码。除常见的 CIF、C&F、FOB 外，成交方式还包括 EXW、C&I、市场价、垫仓。

对于无实际进出境的货物，进口填报 CIF，出口填报 FOB。

（二）数据出处

数据来自外贸合同或商业发票上的贸易术语，但成交方式不完全等同于合同或发票上的贸易术语。贸易术语与成交方式的对应关系见表 4-11。

表 4-11 贸易术语与成交方式的对应关系

发票中的贸易术语	报关单中应填写的成交方式	成交方式代码
CIF、CIP、DDP、DAT（DPU）、DAP	CIF	1
CFR（CNF、C&F）、CPT	C&F	2
FCA、FAS、FOB	FOB	3
EXW	EXW	7

二十六、运费

（一）填报要求

填报进口货物运抵我国境内输入地点起卸前的运输费用、出口货物运至我国境内输出地点装载后的运输费用。

运费可按运费单价、总价或运费率三种方式之一填报，注明运费标记（运费标记“1”表示运费率，“2”表示每吨货物的运费单价，“3”表示运费总价），并按海关规定的货币代码表（见后文表 4 - 14）选择填报相应的币种代码。

如图 4 - 16 所示，在 A 栏输入运费标记，在 B 栏输入运输或运费率，在 C 栏输入货币代码。

图 4 - 16 “单一窗口”系统中运费、保费栏目

在纸质报关单上，5%的运费率填报为 5（百分号不用填写），24 美元的运费单价填报为美元/24/2，7 000 美元的运费总价填报为美元/7 000/3。货币名称注意按货币代码表中的名称规范填写。

（二）数据出处

本栏目数据来自国际运费发票，或者由境内收发货人或货代企业提供。

二十七、保费

（一）填报要求

填报进口货物运抵我国境内输入地点起卸前的保险费用，以及出口货物运至我国境内输出地点装载后的保险费用。运费和保费合并计算的，运保费填在运费栏，本栏目内容为空。

保费可按保险费总价或保险费率两种方式之一填报，注明保险费标记（保险费标记“1”表示保险费率，“3”表示保险费总价），并按海关规定的货币代码表选择填报相应的币种代码。

保费的填写格式与运费相同。例如：3‰的保险费率填报为 0.3（百分号不用填写），140 欧元保险费总价填报为欧元/140/3。

（二）数据出处

本栏目数据来自保险费发票，或由境内收发货人提供。

注意：运费与保费栏均为选填项目，只有在境内收发货人承担了运费或保费时才需要填报，具体见表 4－12。

表 4－12　运费与保费是否需要填报比较表

进口	成交方式	运费	保费	出口	成交方式	运费	保费
	CIF	不填	不填		CIF	填	填
	C&F	不填	填		C&F	填	不填
	FOB	填	填		FOB	不填	不填

二十八、杂费

（一）填报要求

填报成交价格以外的、按照《中华人民共和国进出口关税条例》相关规定应计入完税价格或应从完税价格中扣除的费用。可按杂费总价或杂费率两种方式之一填报，注明杂费标记（杂费标记“1”表示杂费率，“3”表示杂费总价），并按海关规定的货币代码表选择填报相应的币种代码。

应计入完税价格的杂费填报为正值或正率，应从完税价格中扣除的杂费填报为负值或负率。

（二）数据出处

本栏目数据来自相关费用的发票，或者由境内收发货人提供。

二十九、标记唛码及备注

在录入系统中，标记唛码及备注分为标记唛码、备注、集装箱信息三个部分录入数据，其中标记唛码、备注部分如图 4－17 所示。

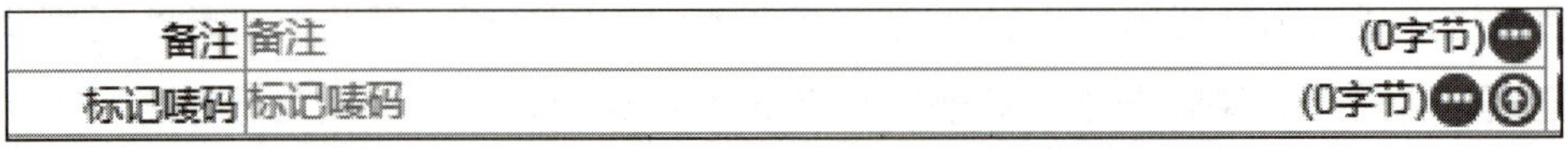

图 4－17　“单一窗口”系统中标记唛码和备注栏目

（一）标记唛码填报要求

标记唛码栏目填报标记唛码中除图形以外的文字、数字，在系统中也可上传图片文档；无标记唛码的填报 N/M。

（二）备注填报要求

跨境电子商务进出口货物，填报“跨境电子商务”等。

（三）数据出处

标记唛码的内容来自外贸合同、商业发票等单据上的唛头信息。

备注栏根据实际情况填报。

集装箱的箱号、规格信息在运输单据上有显示，集装箱自重（可不填）和商品项号关系要由境内收发货人或其代理人提供。

三十、项号

（一）填报要求

项号在货物申报系统中录入时分两栏填报，如图 4－18 所示。“项号”栏填报报关单中的商品顺序编号；“备案序号”专用于已备案、审批的货物，填报该项货物在备案单证中的顺序编号。

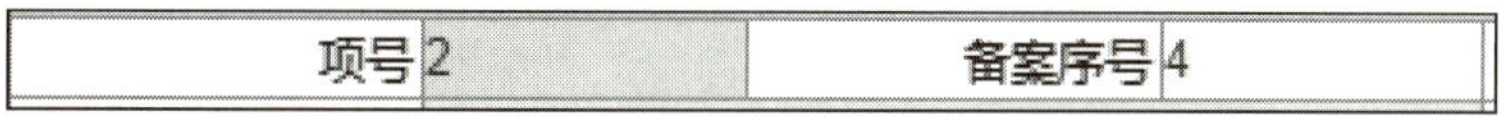

图 4－18　“单一窗口”系统中项号、备案序号栏目

（二）数据出处

“项号”由系统按录入商品的顺序自动排序，无须录入。

“备案序号”来自报关货物在备案单证（监管方式为 1210 时的特殊区域物流账册等）中相应的顺序编号或项号。

三十一、商品编号

（一）填报要求

填报由 10 位数字组成的商品编号。对符合简化申报条件的跨境电商业务，可以只申报 6 位数 HS 编码。

（二）数据出处

由境内收发货人提供商品的 10 位 HS 编码，或者由报关人员按商品实际情况与境内收发货人共同确定 HS 编码。

三十二、商品名称及规格型号

（一）填报要求

纸质报关单分两行填报，第一行填报进出口货物规范的中文商品名称，第二行填报规格型号。在系统中分两栏录入。系统录入时，在录入“商品编号”并按回车键后系统会弹出规格型号录入窗口，然后逐项输入或核对各项申报要素的内容，如图 4－19 所示。

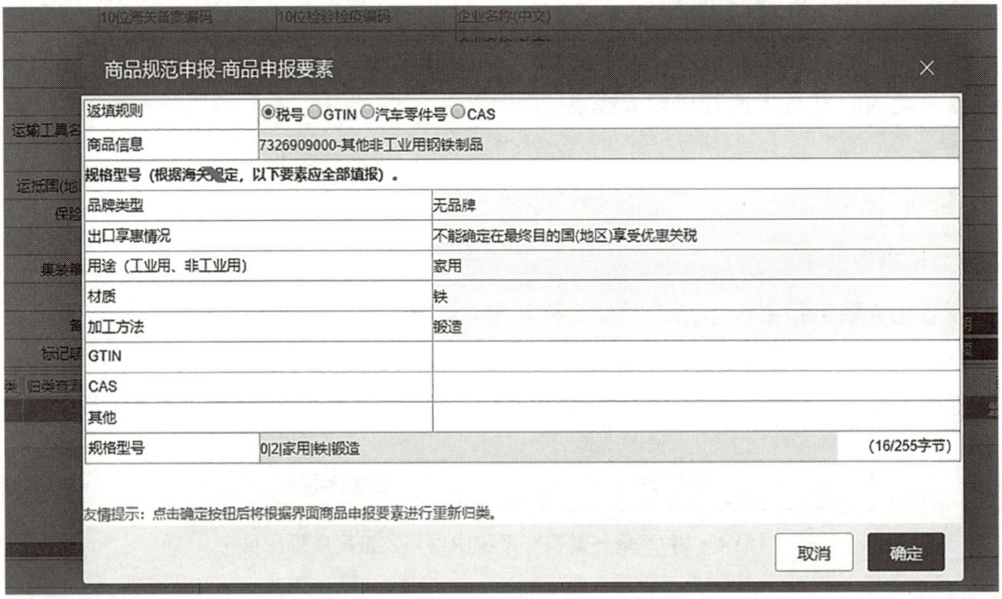

图 4－19 “单一窗口”系统中规格型号（申报要素）录入界面

（二）数据出处

商品的中文名称和具体的规格型号数据由进出口企业按《中华人民共和国海关进出口商品规范申报目录》指出的申报要素提供。企业要提供哪些申报要素项目可以通过网络查询获得。例如，在通关网按“首页—申报要素查询”的路径（如图 4－20 所示），在“商品编码”栏输入 HS 编码后，点击右边的查询按钮，即得到查询结果，如图 4－21 所示。

图 4－20 通关网申报要素查询界面

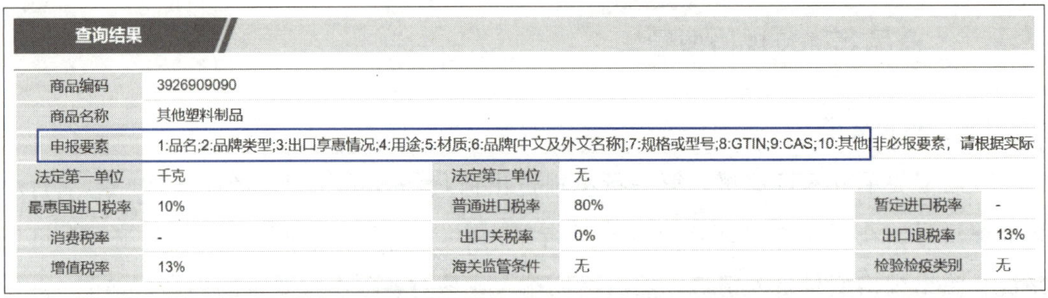
查询结果

商品编码	3926909090				
商品名称	其他塑料制品				
申报要素	1:品名;2:品牌类型;3:出口享惠情况;4:用途;5:材质;6:品牌[中文及外文名称];7:规格或型号;8:GTIN;9:CAS;10:其他非必报要素，请根据实际				
法定第一单位	千克	法定第二单位	无		
最惠国进口税率	10%	普通进口税率	80%	暂定进口税率	-
消费税率	-	出口关税率	0%	出口退税率	13%
增值税率	13%	海关监管条件	无	检验检疫类别	无

图 4－21 通关网申报要素查询结果界面

（三）具体填报要求

1. 如实申报

商品名称及规格型号应如实填报，并与进出口货物收发货人或受委托的报关企业所提交的合同、发票等相关单证相符。

报关单商品规范申报要素审核标准

2. 规范申报

商品名称应当规范，规格型号应当足够详细，以能满足海关归类、审价及许可证件管理要求为准，可参照《中华人民共和国海关进出口商品规范申报目录》中对商品名称、规格型号申报要素的要求进行填报。

例如，某企业申报的两项商品为："锂电池（编码为 8506500000），供电用，SAFT，P4－01－0021，600 毫安时，不含汞。""放大镜（编码为 9013801000），品牌 PEAK，规格 4.5×4.8×4CM。"海关审单时进行了退单处理。经查询，锂电池的申报要素为品名、用途、材质、品牌、型号、容量、是否含汞，企业申报的"供电用"是功能而不是用途；放大镜的申报要素为品名、用途、原理、品牌、型号，企业申报时将规格和型号混淆了。

3. 品牌类型

品牌类型的选择

品牌类型为必填项目。可选择"无品牌""境内自主品牌""境内收购品牌""境外品牌（贴牌生产）""境外品牌（其他）"如实填报（如图 4－22 所示）。其中，"境内自主品牌"是指由境内企业自主开发、拥有自主知识产权的品牌；"境内收购品牌"是指境内企业收购的原境外品牌；"境外品牌（贴牌生产）"是指境内企业代工贴牌生产中使用的境外品牌，仅适用于出口报关；"境外品牌（其他）"是指除代工贴牌生产以外使用的境外品牌。

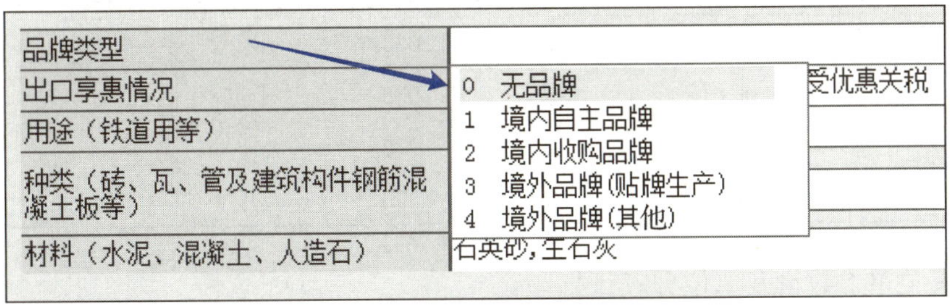

图 4－22　"单一窗口"系统中品牌类型选择界面

4. 出口享惠情况

出口享惠情况为出口报关单必填项目，进口货物报关单不填报该申报项，可选择：

"0—出口货物在最终目的国（地区）不享受优惠关税"；

"1—出口货物在最终目的国（地区）享受优惠关税"；

"2—出口货物不能确定在最终目的国（地区）享受优惠关税"；

“3—不适用于进口报关单”。

需要注意的是，出口企业由于自身原因不知道货物出口享惠的具体情况，这时不能选择“不确定”这个选项。货物运往保税区（或此类特殊监管区域）的出口报关单，入区后不确定货物的最终目的是出境还是出区内销的情形下，可以填报“不确定”。

选择“享受优惠关税”必须同时满足四个条件：

（1）最终目的国为与我国签订优惠贸易协定的国家（或地区）；

（2）该批货物已签发（或将要签发）原产地证书；

（3）该货物符合相关自贸协定中享受优惠关税的条件；

（4）进口方计划使用该原产地证书进行申报以享受优惠关税。

三十三、数量及单位

（一）填报要求

系统录入时，数量及单位分若干栏目分别填报即可，如图 4－23 所示。

成交数量		成交计量单位	
法定第一数量		法定第一计量单位	
法定第二数量		法定第二计量单位	

图 4－23 “单一窗口”系统中数量及单位栏目

常见计量单位代码表见表 4－13。

表 4－13 常见计量单位代码表

代码	名称	代码	名称	代码	名称	代码	名称
001	台	011	件	025	双	120	箱
003	辆	012	支	030	米	125	包
006	套	016	把	035	千克	127	打
007	个	017	块	070	吨	136	袋
008	只	018	卷	095	升	140	盒

纸质报关单上数量及单位分三行打印：

（1）第一行打印进出口货物的法定第一计量单位的数量及单位。

（2）凡列明有法定第二计量单位的，在第二行打印法定第二计量单位的数量及单位。无法定第二计量单位的，第二行为空。

（3）成交计量单位及数量打印在第三行。

（二）数据出处

成交数量及单位以外贸合同、商业发票、装箱单上相应内容（quantity）为准。

法定计量单位可以通过查询《中国海关报关实用手册》或《进出口税则对照使用手册》等工具书获得，也可通过“通关网—申报要素查询”等网站查询获得。如果查询到的法定计量单位显示“个/千克”，说明有两个法定计量单位，斜线前的为法定第一计量单位，斜线后的为法定第二计量单位。在“单一窗口”系统中，输入商品名称和税号以后，系统会自动调出法定计量单位。

三十四、单价/总价/币制

（一）填报要求

单价填报同一项号下进出口货物实际成交的商品单位价格。无实际成交价格的，填报单位货值。

总价填报同一项号下进出口货物实际成交的商品总价格。无实际成交价格的，填报货值。

币制按海关规定的货币代码表（见表 4 - 14）选择相应的货币名称及代码填报。

表 4 - 14　货币代码表（部分）

代码	中文名称	英文名称	代码	中文名称	英文名称
HKD	港币	Hong Kong Dollar	GBP	英镑	Pound Sterling
JPY	日本元	Yen	RUB	俄罗斯卢布	Russian Ruble
SGD	新加坡元	Singapore Dollar	CAD	加拿大元	Canadian Dollar
CNY	人民币	Yuan Renminbi	USD	美元	US Dollar
EUR	欧元	Euro	AUD	澳大利亚元	Australian Dollar

（二）数据出处

数据来自外贸合同、商业发票。

三十五、原产国（地区）

按海关规定的国别（地区）代码表选择填报相应的国家（地区）名称及代码。

原产国（地区）依据《中华人民共和国进出口货物原产地条例》和《关于非优惠原产地规则中实质性改变标准的规定》（海关总署令第 122 号）以及海关总署关于各项优惠贸易协定原产地管理规章规定的原产地确定标准填报。

跨境电商企业对企业出口业务一般填写“中国”。填报 1210 模式进口报关单时，数据来自原产地证或原产地申明，外贸合同、商业发票、提/运单上的唛头也会显示“MADE IN...”产地信息。

三十六、最终目的国（地区）

（一）填报要求

按海关规定的国别（地区）代码表选择填报相应的国家（地区）名称及代码。

最终目的国（地区）填报已知的进出口货物的最终实际消费、使用或进一步加工制造国家（地区）。不经过第三国（地区）转运的直接运输货物，以运抵国（地区）为最终目的国（地区）；经过第三国（地区）转运的货物，以最后运往国（地区）为最终目的国（地区）。

（二）数据出处

填报 9710/9810 出口报关单、1210 出口业务中大货出区的出境货物备案清单时，最终目的国（地区）数据来自装运单据上最终目的港/目的地所属的国家（地区）。

填报 1210 模式进口报关单或者 1210 模式出口业务货物入区申报的出口报关单时，最终目的国（地区）为中国。

三十七、境内目的地/境内货源地

进口报关单的内容为境内目的地，出口报关单的内容为境内货源地。

该栏目在进口申报时需要填写境内目的地代码和目的地代码两栏，在出口时需要填写境内货源地代码和产地代码两栏，如图 4－24、图 4－25 所示。同一批出口货物如果有多个货源地的，需要分项填报（分成两个或多个项号分别录入，相当于多个商品）。

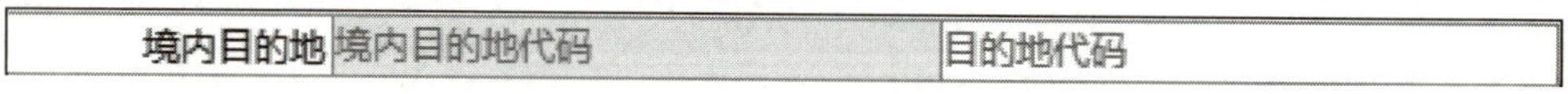

图 4－24 “单一窗口”系统中目的地栏目

图 4－25 “单一窗口”系统中产地栏目

（一）境内目的地/境内货源地填报要求

按海关规定的国内地区代码表（见表 4－15）选择填报相应的国内地区名称及代码。

境内目的地填报已知的进口货物在国内的消费、使用地或最终运抵地，其中最终运抵地为最终使用单位所在的地区。最终使用单位难以确定的，填报货物进口时预知的最终收货单位所在地。

表 4-15 部分国内地区代码表

代码	地区名称	代码	地区名称	代码	地区名称
12075	天津出口加工区	13079	张家口	12072	天津经济技术开发区
15029	包头其他	14019	太原其他	51016	成都高新综合保税区
23029	齐齐哈尔	21079	锦州	32052	苏州工业园区
31089	闸北	31169	南汇	31222	上海浦东新区
42099	黄冈	37029	青岛其他	44051	汕头特区
53019	昆明其他	61019	西安其他	44036	深圳前海湾保税港区
33029	宁波其他	33109	丽水	33015	浙江杭州出口加工区

境内货源地填报出口货物在国内的产地或原始发货地。出口货物产地难以确定的，填报最早发运该出口货物的单位所在地。境内货源地由表头填报改为表体填报后，每个品名后面可对应一个货源地，不同品名可实现多个货源地的申报。

对于海关特殊监管区域、保税物流中心（B 型）与境外之间的进出境货物，境内目的地/境内货源地填报本海关特殊监管区域、保税物流中心（B 型）所对应的国内地区名称及代码。

国内地区代码表

（二）目的地/产地填报要求

目的地/产地的代码根据行政区划代码表（见表 4-16）选择填报其对应的县级行政区名称及代码。无下属区县级行政区的，可选择填报地市级行政区。出口报关单的产地按 2019 年填制规范的规定不用填写。

行政区划代码表

例如：某批货物的境内目的地是广州市花都区，则在"境内目的地代码"栏输入 44019，栏目自动生成"44019—广州其他"，同时在"目的地代码"栏录入"440114"，栏目自动生成"广州市花都区"。

表 4-16 行政区划代码表（部分）

代码	行政区划名称	代码	行政区划名称	代码	行政区划名称
440114	花都区	110101	东城区	130722	张北县
330109	萧山区	310101	黄浦区	310115	浦东新区
421122	红安县	440507	龙湖区	450102	兴宁区
460105	秀英区	520102	南明区	530102	五华区
120101	和平区	440104	越秀区	370211	黄岛区

（三）数据出处

按货物的流向确定境内目的地/境内货源地的地址，查询国内地区代码表和行政区划代码表后确定。

如果境内目的地是境内收货人所在地，可填写境内收货人的海关注册备案编号的前 5

位，如果实际流向与此不符则按实际货物流向确定。

境内收发货人的10位海关编码也可通过网络查询，例如在中国海关企业进出口信用信息公示平台（http://credit.customs.gov.cn/）上查询，输入企业名称后可查到海关编码，如图4-26所示。

图4-26　企业基本情况查询结果

三十八、征免

9710/9810和1210模式出口报关单（货物入区）的征免方式填写“照章征税”，1210模式出境备案清单（货物出境）、1210模式进口时征免方式填写“全免”，见表4-17。

表4-17　跨境电商报关单部分栏目比较

栏目	1210进口	1210出口（入区）	1210出口（出境）	9710/9810出口
备案号	物流账册编号	/	物流账册编号	/
监管方式	1210	0110	1210	9710/9810
征免性质	/	一般征税	/	一般征税
征免	全免	照章征税	全免	照章征税
随附单据	核注清单	核注清单	核注清单	订单/订仓单

三十九、集装箱信息

（一）填报要求

录入系统的左侧报关单表头区域的“集装箱数”栏不允许录入操作。在录入系统的右侧区域录入集装箱信息后，“集装箱数”栏会自动返填。集装箱体信息在系统中录入的页面如图4-27所示。

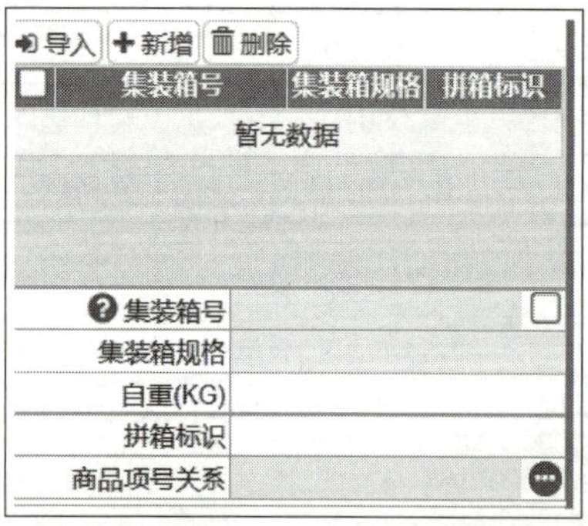

图4-27　“单一窗口”系统中集装箱体信息栏目

集装箱体信息填报集装箱号、集装箱规格代码（见表 4－18）、集装箱商品项号关系。集装箱商品项号关系是指单个集装箱对应的商品项号，例如：APLU4116601 箱号装载了项号为 1、3 和 5 的商品时，点击“商品项号关系”的弹出窗口勾选“1，3，5”（如图 4－28 所示），系统显示时商品的项号间用半角逗号分隔。集装箱自重、拼箱标识是可选项，可以不录入。集装箱为拼箱时，可在“拼箱标识”栏中填报“是”。

表 4－18　集装箱规格代码表

代码	中文名称	代码	中文名称
11	普通 2 * 标准箱（L）	22	冷藏标准箱（S）
12	冷藏 2 * 标准箱（L）	23	罐式标准箱（S）
13	罐式 2 * 标准箱（L）	31	其他标准箱（S）
21	普通标准箱（S）	32	其他 2 * 标准箱（L）

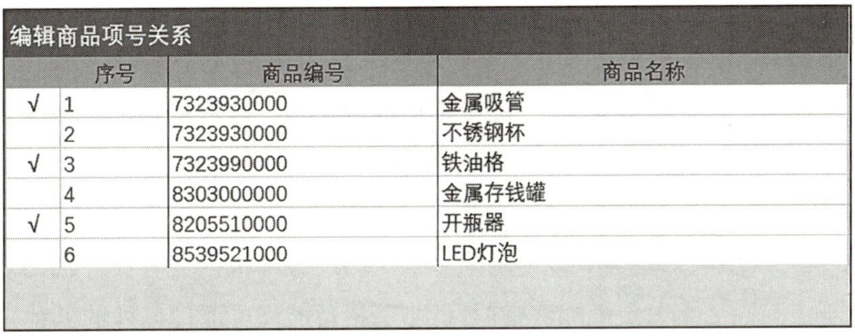
编辑商品项号关系

	序号	商品编号	商品名称
√	1	7323930000	金属吸管
	2	7323930000	不锈钢杯
√	3	7323990000	铁油格
	4	8303000000	金属存钱罐
√	5	8205510000	开瓶器
	6	8539521000	LED灯泡

图 4－28　集装箱的商品项号关系编辑页面

（二）数据出处

集装箱的箱号、规格信息在运输单据上有显示，集装箱自重（可不填）、商品项号关系要由境内收发货人或其代理人提供。

四十、价格说明

价格说明是指进口报关单录入时，需要确认几个与申报价格有关的事项，包括特殊关系确认、价格影响确认、与货物有关的特许权使用费支付确认、公式定价确认、暂定价格确认。跨境电商业务进出口贸易均无须填报。

在系统中点开表头部分中的“价格说明”（如图 4－29 所示）后系统弹出五个确认事项的填写窗口，如图 4－30 所示。

图 4－29　“单一窗口”系统中“价格说明”入口

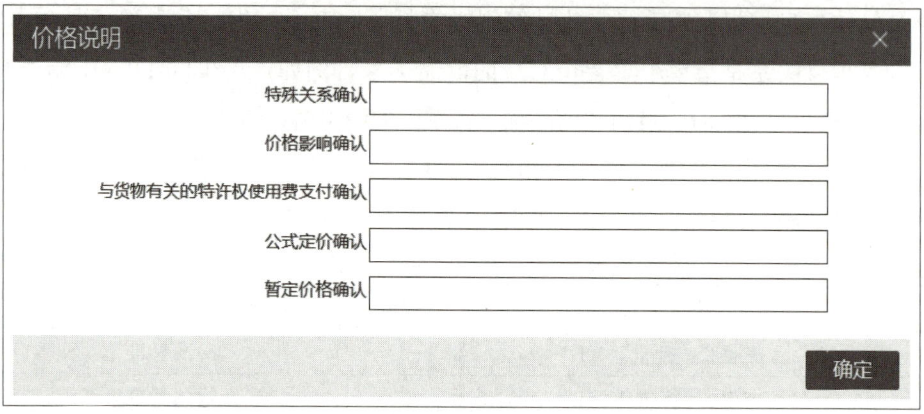

图 4-30 “单一窗口”系统中“价格说明”弹出窗口

四十一、随附单证代码及编号

（一）填报要求

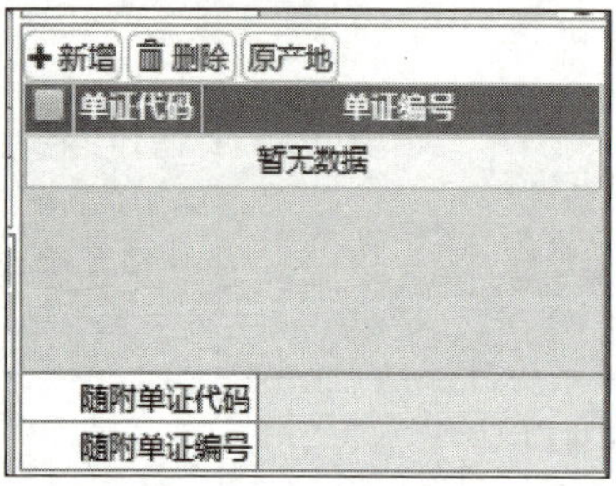

图 4-31 单一窗口随附单证栏

随附单证代码及编号的数据在单一窗口录入系统的右上区域录入，在表头区域的“随附单据”栏无法录入，如图 4-31 所示。

随附单证代码及编号根据监管证件代码表选择填报除“许可证号”栏目的许可证件以外的其他进出口许可证件或监管证件、代码及编号。

填报 1210 模式进口报关单、1210 模式出口报关单（货物入区）、1210 模式出境货物备案清单时，随附单证代码为“a”，随附单证编号填写对应或关联的保税核注清单编号。

填报 9710/9810 模式出口报关单、1210 模式出口报关单（货物入区）时，如果货物有法定检验检疫要求的，随附单证还要添加一条信息，随附单证代码填写代码“B”，随附单证编号填写报检完成后电子回执上的企业报检电子底账数据号。

（二）数据出处

数据来自境内收发货人获得的监管证件的类型和编号。

四十二、随附单据

通关无纸化模式时，需要在系统中点击“随附单据”按钮上传随附单据，如图 4-32、图 4-33 所示，然后录入“随附单据文件类别”“随附单据编号”并上传随附单据文件。例如：上传合同时，“随附单据文件类别”须录入“合同”或代码“00000004”，然后上传合同的 PDF 文档。如果上传的随附单据文件是“电子代理报关委托协议”或“减免税货物税款担保证明”，则还需要录入随附单据文件的编号。如果监管方式是 9710/9810，则随附单据文件类别录入“跨境 B2B 出口单证”，随附单据编号录入跨境电商申报系统申报的订单号/订仓单号。

在打印的报关单中，随附单据名称会显示在随附单证 2 处。

图 4-32　“单一窗口”系统中随附单据上传按钮

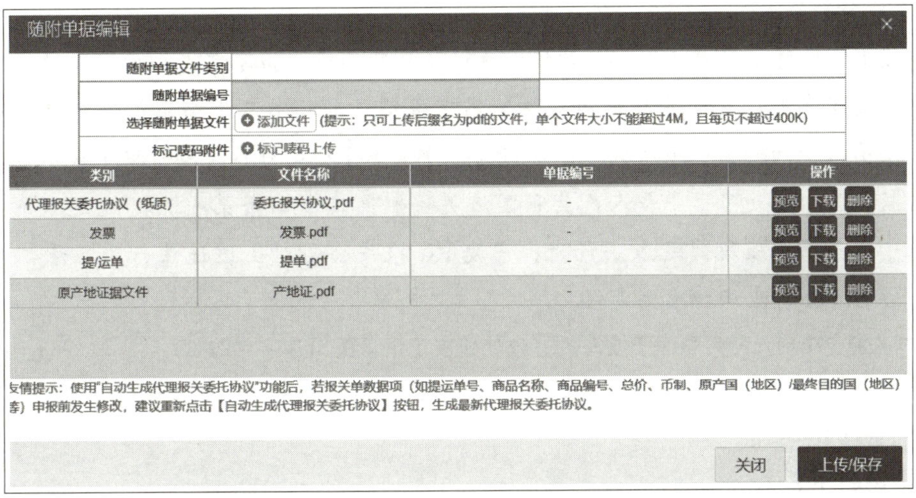

图 4-33　“单一窗口”系统中随附单据编辑页面

对于进口货物，必备的随附单据包括合同、发票、监管证件、委托报关协议，装箱单、提/运单在申报时可不提交，海关审核时如果需要则再提交。对于出口货物，必备的随附单据包括监管证件、委托报关协议，合同、发票、装箱单在申报时可不提交，海关审核时如果需要则再提交。

四十三、申报单位

报关企业登录“单一窗口”系统后，申报单位的信息自动显示，无须录入。

案例分享

进口货物价格申报错误案

【案情简介】

根据宁波海关行政处罚决定书甬关缉违字〔2023〕5 号，宁波 SH 公司委托宁波 RC 报关公司以一般贸易方式向海关申报进口一票货物，申报数量为 60 000 千克，申报单价为 20.69 美元，申报 CIF 总价为 124.14 万美元。经查，上述货物实际单价为 22.69 美元，实际 CIF 总价为 136.14 万美元。宁波 RC 报关公司员工因工作疏忽，未按照宁波 SH 公司已准确提供的单证资料进行申报，宁波 SH 公司在后期审核报关数据过程中亦存在工作疏忽，最终导致申报价格与实际不符，影响国家税款征收。经核定，上述货物计税价格计人民币 977.42 万元，漏缴税款计人民币 12.17 万元。

依照《中华人民共和国行政处罚法》第三十二条第五项、《中华人民共和国海关办理行政处罚案件程序规定》第五十八条第二款，以及《中华人民共和国海关行政处罚实施条例》第十五条第四项、第十七条、第五十二条之规定，海关决定对宁波 RC 报关公司科处罚款人民币 18 000 元，对宁波 SH 公司科处罚款人民币 6 000 元。

【案例分析】

宁波 RC 报关公司因工作疏忽致使发生进口货物价格申报不实，影响国家税款征收的情形，违反了《中华人民共和国海关法》第十条第二款、第二十四条第一款之规定，并构成同法第八十六条第三项所列之违法行为；宁波 SH 公司进口货物价格申报不实，影响国家税款征收，违反了《中华人民共和国海关法》第二十四条第一款之规定，并构成同法第八十六条第三项所列之违法行为。宁波 RC 报关公司对上述违法行为应承担主要责任，宁波 SH 公司应承担次要责任。

资料来源：中华人民共和国宁波海关行政处罚决定书甬关缉违字〔2023〕5 号 .（2023 - 12 - 05）[2024 - 08 - 30]. http://www.customs.gov.cn//ningbo _ customs/470752/2881004/470781/470783/5544106/index.html.

【案例启示】

进出口企业一般委托专业报关公司向海关申报货物，由进出口企业提供原始的报关资料，由报关公司进行合理审核，然后向海关申报。因此，进出口货物的申报是一个团队合作的业务，会涉及多个工作人员的操作，需要双方企业工作人员严谨细致的工作作风和爱岗敬业的职业精神，也需要企业制定科学的报关数据审核机制，双方企业要做好沟通工作。如果造成申报不实，那么进出口企业和代理报关企业都有可能受到海关处罚。

操作示范

一、整理贸易单据

浙江方兴服饰有限公司整理报关所需要的贸易单据，包括出口货物合同（见表 4 - 19）、发票（见表 4 - 20）、装箱单（见表 4 - 21）、海运提单确认件（见表 4 - 22）等业务单据。

表 4-19 合同

ORIGINAL
正本

售货确认书

SALES CONFIRMATION

编号 No.：20XAA008
日期 Date：Nov. 04，2024
地址 Add：HANGZHOU

The Seller：
浙江方兴服饰有限公司
ZHEJIANG FANGXING IMP&EXP COMPANY
470，Binwen Rd，Hangzhou，China

The Buyer：
HIGHMARK CLOTHING PTY. LTD.
120 King St，Melbourne，Australia

The undersigned Seller and Buyer have agreed to close the following transactions according to the terms and conditions stipulated bellow：

品名，规格，包装及运输唛头 NAME OF COMMODITY&SPECIFICATIONS，PACKING AND SHIPPING MARK	数量 QUANTITY	单价 UNIT PRICE	金额 AMOUNT
BOY'S 100% COTTON KNITTED T-SHIRTS ART. NO.：2301 FABRIC：100% COTTON KNITTED JERSEY，WEIGHTED 180GSM COLOR & SIZE：AS PER THE BUYER'S CONFIRMED SAMPLES PACKING：10 PCS IN A POLYBAG	21 600PCS	CIF MELBOURNE AUD 2.52/PC	AUD54 432.00
TOTAL			AUD54 432.00

总值 TOTAL VALUE：SAY AUSTRALIAN DOLLARS FIFTY-FOUR THOUSAND FOUR HUNDRED AND THIRTY TWO ONLY
装运期限 SHIPMENT：Latest Dec. 15，2024
装运港 PORT OF SHIPMENT：SHANGHAI
目的地 DESTINATION：MELBOURNE By vessel
付款方式 PAYMENT：T/T 15 days after shipment
保险 Insurance：To be effected by the Seller for 110% invoice value covering all risks.
仲裁 Arbitration：
……
一般条款 GENERAL TERMS：
……

买方（The Buyer）
HIGHMARK CLOTHING PTY. LTD.

卖方（The Seller）
ZHEJIANG FANGXING IMP&EXP COMPANY

表 4-20 发票

浙江方兴服饰有限公司

ZHEJIANG FANGXING IMP&EXP COMPANY
470，BINWEN RD，HANGZHOU，CHINA

<table>
<tr><td colspan="6">COMMERCIAL INVOICE</td></tr>
<tr><td rowspan="3">To:</td><td colspan="3" rowspan="3">HIGHMARK CLOTHING PTY. LTD.
120 KING ST，MELBOURNE，AUSTRALIA</td><td>Invoice No.：</td><td>20WH05</td></tr>
<tr><td>Invoice Date:</td><td>NOV. 19，2024</td></tr>
<tr><td>S/C No.：</td><td>20XAA008</td></tr>
<tr><td>From:</td><td colspan="2">SHANGHAI</td><td>To:</td><td colspan="2">MELBOURNE</td></tr>
<tr><td>Letter of Credit No.：</td><td colspan="2"></td><td>Issued By:</td><td></td><td></td></tr>
<tr><td>Marks and Numbers</td><td colspan="2">Number and kind of package;
Description of goods</td><td>Quantity</td><td>Unit Price</td><td>Amount</td></tr>
<tr><td rowspan="2">HCP
20XAA008
MELBOURNE
C/NO.：1-270</td><td colspan="5">CIF MELBOURNE</td></tr>
<tr><td colspan="2">BOY'S 100% COTTON KNITTED T-SHIRTS
ART. NO.：2301
FABRIC：100% COTTON KNITTED JERSEY</td><td>21 600PCS</td><td>AUD 2.52/PC</td><td>AUD 54 432.00</td></tr>
<tr><td colspan="3">TOTAL:</td><td colspan="2">21 600PCS</td><td>AUD54 432.00</td></tr>
<tr><td>SAY TOTAL:</td><td colspan="5">AUSTRALIAN DOLLARS FIFTY FOUR THOUSAND FOUR HUNDRED AND THIRTY TWO ONLY</td></tr>
<tr><td colspan="6">浙江方兴进出口有限公司
ZHEJIANG FANGXING IMP&EXP COMPANY</td></tr>
</table>

表 4-21 装箱单

<table>
<tr><td colspan="8">浙江方兴服饰有限公司
ZHEJIANG FANGXING IMP&EXP COMPANY
470，BINWEN RD，HANGZHOU，CHINA</td></tr>
<tr><td colspan="8">PACKING LIST</td></tr>
<tr><td rowspan="3">To:</td><td colspan="3" rowspan="3">HIGHMARK CLOTHING PTY. LTD.
120 KING ST, MELBOURNE, AUSTRALIA</td><td colspan="2">Invoice No.:</td><td colspan="2">20WH05</td></tr>
<tr><td colspan="2">Invoice Date:</td><td colspan="2">NOV. 19, 2024</td></tr>
<tr><td colspan="2">S/C No.:</td><td colspan="2">20XAA008</td></tr>
<tr><td>From:</td><td colspan="3">SHANGHAI</td><td>To:</td><td colspan="3">MELBOURNE</td></tr>
<tr><td>Letter of Credit No.:</td><td colspan="3"></td><td>Date of Shipment:</td><td colspan="3"></td></tr>
<tr><td>Marks and Numbers</td><td>Number and kind of package;
Description of goods</td><td>Quantity</td><td>Package</td><td>G. W</td><td>N. W</td><td colspan="2">Meas.</td></tr>
<tr><td>HCP
20XAA008
MELBOURNE
C/NO.: 1-270</td><td>BOY'S 100% COTTON KNITTED T-SHIRTS
ART. NO.: 2301
FABRIC: 100% COTTON KNITTED JERSEY</td><td>@80PCS</td><td>270 CTN

270 CTN</td><td>@15KGS</td><td>@14KGS</td><td colspan="2">@65 * 41 * 33CM</td></tr>
<tr><td colspan="2">TOTAL:</td><td>21 600PCS</td><td></td><td>4 050KGS</td><td>3 780KGS</td><td colspan="2">22.65 CBM</td></tr>
<tr><td>SAY TOTAL:</td><td colspan="7">TWO HUNDRED AND SEVENTY CARTONS ONLY</td></tr>
<tr><td colspan="8">浙江方兴进出口有限公司
ZHEJIANG FANGXING IMP&EXP COMPANY</td></tr>
</table>

表 4-22　海运提单确认件

<table>
<tr><td colspan="2">Shipper

ZHEJIANG FANGXING IMP&EXP COMPANY
470 BINWEN RD，HANGZHOU，CHINA</td><td colspan="4" rowspan="5">B/L NO.：STBLN000270

中远集装箱运输有限公司
COSCO CONTAINER LINES
TLX：33057 COSCO CN
FAX：+86（021）65347828

ORIGINAL

Combined Transport
BILL OF LADING

RECEIVED in external apparent good order and condition except as otherwise noted...</td></tr>
<tr><td colspan="2">Consignee

TO ORDER</td></tr>
<tr><td colspan="2">Notify Party

HIGHMARK CLOTHING PTY. LTD.
120 KING ST，MELBOURNE，AUSTRALIA</td></tr>
<tr><td>Pre-carriage by</td><td>Place of Receipt</td></tr>
<tr><td>Ocean Vessel Voy. No.
EVER UNIQUE / V. 075W</td><td>Port of Loading
SHANGHAI</td></tr>
<tr><td>Port of Discharge
MELBOURNE</td><td colspan="5">Place of Delivery</td></tr>
<tr><td>Marks & Nos.
Container / Seal No.</td><td>No. of Containers or Packages</td><td colspan="2">Description of Goods</td><td>Gross Weight (Kgs)</td><td>Measurement</td></tr>
<tr><td>HCP
20XAA008
MELBOURNE
C/NO.：1-270

CN：COSU3202732
SN：978984</td><td>270CTNS</td><td colspan="2">BOY'S T-SHIRTS

SHIPPER'S LOAD COUNT & SEAL
1×20'FCL
FREIGHT PREPAID</td><td>4 050.00</td><td>22.65 CBM</td></tr>
<tr><td>TOTAL NO. OF CONTAINERS OR PACKAGES (IN WORDS)</td><td colspan="5">SAY TWO HUNDRED AND SEVENTY CARTONS ONLY</td></tr>
<tr><td>FREIGHT & CHARGES
FREIGHT PREPAID</td><td>Revenue Tons</td><td>Rate</td><td>Per</td><td>Prepaid</td><td>Collect</td></tr>
<tr><td rowspan="2">Ex. Rate：</td><td>Prepaid at</td><td colspan="2">Payable at</td><td colspan="2">Place and date of issue
SHANGHAI，DEC. 05，2024</td></tr>
<tr><td>Total Prepaid</td><td colspan="2">No. of Original B(s)/L

THREE（3）</td><td colspan="2">Signed for the Carrier</td></tr>
</table>

LADEN ON BOARD THE VESSEL

DATE　　　　　　　　BY

二、核实商品编码，确定申报要素

浙江方兴服饰有限公司单证员在准备报关资料时，需要确认商品的 HS 编码，并据此确定申报要素。

（一）核实商品编码

根据贸易合同，该批商品的名称为男童 T 恤衫，织造方法为针织，成分为 100%棉。核实商品的 HS 编码步骤如下：

商品名称为男童 T 恤衫，属于 HS 的第 11 大类纺织品服装。打开“归类通”网站，查阅第 11 大类各章的名称，得知服装一般应归入第 61 章或第 62 章。因为织造方法为针织，所以归入第 61 章。查阅《进出口税则商品及品目注释》及第 61 章的品目条文，T 恤衫属于衬衫，针织男式衬衫应归入 6105，如图 4-34 所示。

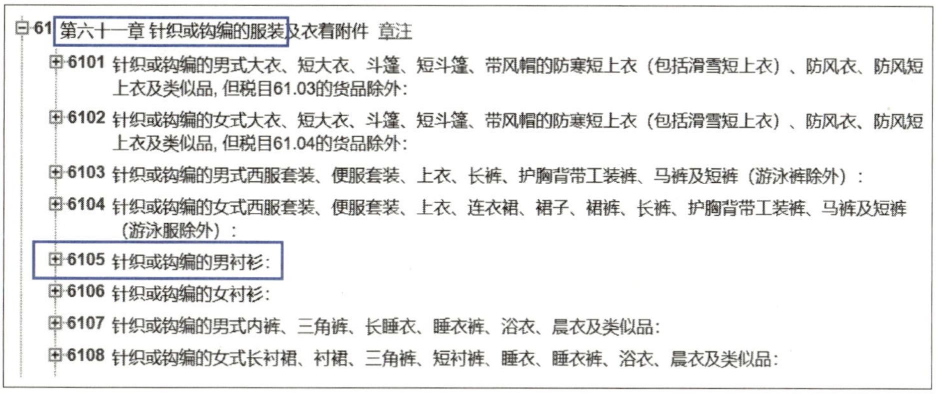

图 4-34　第 61 章品目列表

查阅品目 6105 下的子目条文，因为商品的成分为 100%棉，符合子目 6105.1000 的条文描述，所以归入子目 6105.1000。因该批商品不是游戏套装衬衫，所以最后归入 6105100090，如图 4-35 所示。

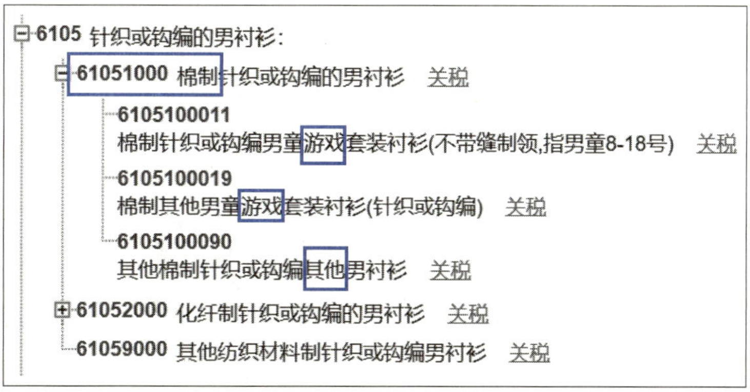

图 4-35　品目 6105 的子目列表

（二）确定申报要素

打开“通关网”的申报要素查询界面，输入 HS 编码 6105100090，查询得到该商品的申报要素的内容要求，同时知晓该商品的法定计量单位、海关监管条件、检验检疫类别，如图 4-36 所示。

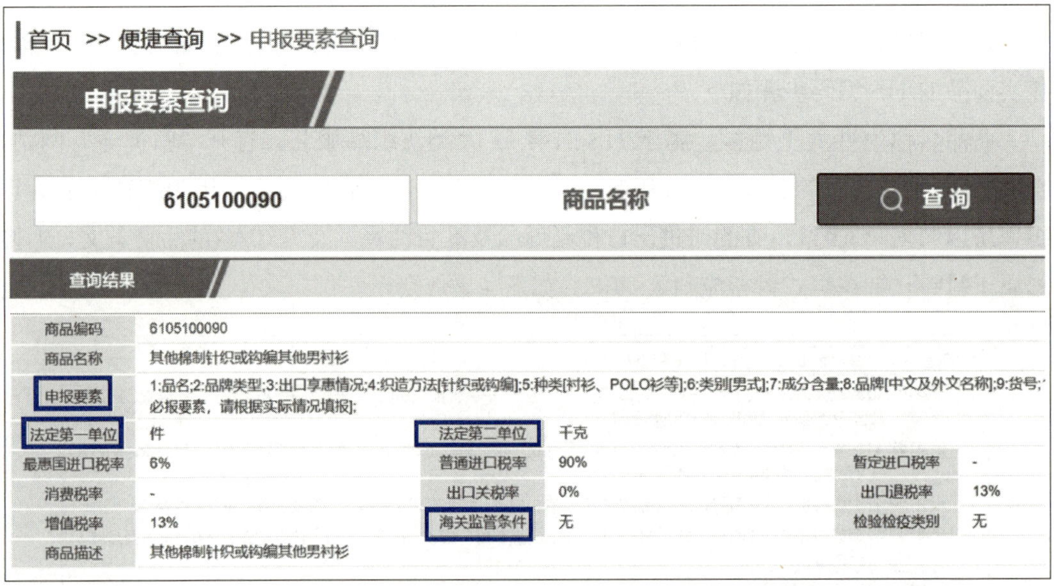

图 4-36　通关网的申报要素查询结果

根据查询结果和贸易情况，公司单证员确定该商品的申报要素如下：品名：全棉针织男童衬衫；品牌类型：境外品牌（贴牌生产）；出口享惠情况：出口货物在最终目的国（地区）享受优惠关税（澳大利亚与中国签订了自由贸易协议）；织造方法：针织；种类：衬衫；类别：男式；成分含量：100%棉；品牌：BIBI；货号：2301。

三、根据贸易单据填制出口货物报关单

浙江方兴服饰有限公司单证员向业务员了解到该批货物的总运费为 5 380 美元，保险费为 79 美元。按照贸易单据的内容和实际情况，单证员填制报关单草单发给代理报关企业上海丰丰报关有限公司。

上海丰丰报关有限公司的报关录入人员根据收到的报关单草单，在“中国国际贸易单一窗口”的“货物申报”系统录入报关单数据，暂存后打印报关单核对版（见表 4-23）交负责核对的同事进行人工复核，复核无误后在单一窗口把报关单发送给海关。

表 4－23 中华人民共和国海关出口货物报关单

预录入编号：222920200000123123　　海关编号：222920200000123123（航交办）　　页码/页数：1/1

境内发货人（91330000772741234N） 浙江方兴服饰有限公司	出境关别（2225） 外港海关	出口日期	申报日期	备案号
境外收货人 HIGHMARK CLOTHING PTY. LTD.	运输方式（2） 水路运输	运输工具名称及航次号 EVER UNIQUE/075W	提运单号 STBLN000270	
生产销售单位（91330000772741234N） 浙江方兴服饰有限公司	监管方式（9710） 跨境电商 B2B 直接出口	征免性质（101） 一般征税	许可证号	
合同协议号 20XAA008	贸易国（地区）（AUS） 澳大利亚	运抵国（地区）（AUS） 澳大利亚	指运港（AUS147） 墨尔本（澳大利亚）	离境口岸（310701） 外高桥

包装种类（22） 纸箱	件数 270	毛重（千克） 4 050	净重（千克） 3 780	成交方式（1） CIF	运费 USD/5 380.00/3	保费 USD/79.00/3	杂费

随附单证
随附单证 1：　　随附单证 2：发票；装箱单；委托报关协议（纸质）

标记唛码及备注
HCP/　　集装箱标箱数及号码：1；COSU3202732
20XAA008
MELBOURNE
C/NO.：1－270

项号	商品编号	商品名称及规格型号	数量及单位	单价/总价/币制	原产国（地区）	最终目的国（地区）	境内货源地	征免
1	6105100090	全棉针织男童衬衫 3 | 1 | 针织 | 衬衫 | 男式 | 100%棉 | BIBI | 2301	21 600 件 3 780.00 千克	2.52 54 432.00 澳大利亚元	中国 （CHN）	澳大利亚 （AUS）	金华 （33079）	照章征税 （1）

特殊关系确认：　　价格影响确认：　　支付特许权使用费确认：　　公式定价确认：　　暂定价格确认：　　自报自缴：

申报人员　　申报人员证号　　电话　　兹申明对以上内容承担如实申报、依法纳税之法律责任 申报单位（91310000607346789A）上海丰丰报关有限公司　　申报单位（签章）	海关批注及签章

能力训练

一、单项选择题

1. 某商品的 HS 编号为 6104630091，则该商品的品目编码为（　　）。

A. 61046300　　B. 6104　　C. 6300　　D. 91

2. 某商品的 HS 编号为 4202310090，则该商品的本国子目编码为（　　）。

A. 3100　　B. 31　　C. 00　　D. 90

3. 某商品的 HS 编号为 8517629400，则该商品的一级子目编码为（　　）。

A. 6294　　B. 6　　C. 2　　D. 9

4. 以下不是进出口货物商品归类工作的法律依据的是（　　）。

A. 其他企业申报过并且被海关放行的商品 HS 编号

B.《进出口税则》

C.《进出口税则商品及品目注释》

D. 海关总署发布的商品归类决定

5. 大部分的商品归类工作可以通过运用（　　）来完成。

A. 归类总规则一　　B. 归类总规则二

C. 归类总规则三　　D. 归类总规则四

6. 下列关于归类要素和申报要素的说法中，正确的是（　　）。

A. 申报要素＝归类要素

B. 申报要素＝归类要素＋价格要素＋其他要素

C. 必须掌握申报要素所有内容后才能确定商品的 HS 编码

D. 归类要素不全也可对商品进行准确归类

7. 关于跨境电商进口税费的税收政策，以下说法错误的是（　　）。

A. 海关每月使用的计征汇率为上一个月第三个星期三中国人民银行公布的外币对人民币的基准汇率

B. 完税价格为电商平台的实际交易价格

C. 进口环节增值税、消费税免征税额为人民币 50 元

D. 进口环节增值税、消费税暂按法定应纳税额的 70%征收

8. 关于进境物品行邮税的税收政策，以下说法错误的是（　　）。

A. 行邮税的征税对象是旅客行李物品、个人邮递物品、其他个人自用物品

B. 行邮税的税率就是货物进口的关税税率

C. 行邮税的完税价格及税率要依据《中华人民共和国进境物品完税价格表》

D. 行邮税的起征额为人民币 50 元，少于或等于人民币 50 元免征

9. 海运提单上的船舶信息"Ocean Vessel Voy. No."栏内容为"HUANG HE V. N097"，则报关单的运输工具名称及航次号分别为（　　）。

A. HUANG HE/ V. N097　　B. HUANG HE/ N097
C. V. N097/ HUANG HE　　D. N097/ HUANG HE

10. 以下报关单栏目中没有填报代码或编码的是（　　）。
A. 运输方式　B. 监管方式　C. 包装种类　D. 件数

11. 无实际进出境的货物，报关单的成交方式：进口填报_____，出口填报_____。（　　）
A. CIF；FOB　B. FOB；CIF　C. C&F；FOB　D. FOB；C&F

12. 1210 模式进口报关单的随附单证代码为（　　）。
A. A　B. B　C. a　D. b

13. 以下关于报关单商品项的申报要素的填报要求中说法正确的是（　　）。
A. 品牌类型填写品牌的中英文名称
B. 出口享惠情况为出口报关单必填项目，进口货物报关单不填报该申报项
C. 报关单的“规格型号”栏填报商品的货号或型号
D. 申报要素有哪些内容要参照合同的商品描述而定

14. 关于纸质报关单上“数量及单位”栏的打印内容，以下描述错误的是（　　）。
A. 数量及单位分三行打印
B. 第一行打印法定第一计量单位的数量及单位
C. 成交计量单位及数量打印在第三行
D. 成交计量单位及数量打印在第一行

15. 关于报关单“境内目的地/境内货源地”的填报规范，以下说法正确的是（　　）。
A. 进口报关单填报“境内目的地”，出口报关单填报“境内货源地”
B. 进口报关单填报“境内货源地”，出口报关单填报“境内目的地”
C. 同一批出口货物如果有多个货源地的，填报货值最大的货源地
D. “境内目的地/境内货源地”的代码根据行政区划代码表填报

二、案例分析题

2023 年某日，A 贸易公司委托 B 报关公司以 9710 方式申报出口一票货物，申报数量为 35 275 千克，申报单价为 9.25 美元，出口退税率为 13%。后经海关统计部门核查发现，实际单价应为 9.25 元人民币，与申报价格不符。经调查发现，A 贸易公司与俄罗斯客户签订出口销售合同，由于俄罗斯受到国际美元金融结汇体系的制裁，该笔业务使用人民币结算，公司员工在制作出口单据时由于疏忽大意，没有注意到结算币制的变化，套用发票模板制作了出口发票，导致币制错误。之后，A 贸易公司将正确币制的出口合同和错误币制的出口发票等单据，交给 B 报关公司用于出口申报。B 报关公司收到相关单据后，没有审查合同与发票的一致性，仅对报关要求提供的发票等单据进行了审核，造成货物出口申报价格不实，最终导致海关处罚。

请思考：

（1）A 贸易公司是否应当承担责任？为什么？从中应汲取什么教训？

（2）B 报关公司是否应当承担责任？为什么？从中应汲取什么教训？

(3) 依据《中华人民共和国海关行政处罚实施条例》第十五条、第十七条规定，海关可能对A公司和B公司给予什么处罚？

三、操作题

（一）商品归类：确定以下商品的8位税号（品目和子目之间加点）

1. 熏带骨猪腿。

2. 盐渍鱿鱼（柔鱼属）。

3. 密封塑料袋装婴儿均化食品，成分含量：30%牛肉（可见小肉块），65%胡萝卜，5%其他配料，净重500克。

4. 番茄酱罐头。

5. 食用活甲鱼。

6. 奶粉，脂肪含量3%，未加糖等其他物质。

7. 冻牛百叶。

8. 冷藏的芦笋。

9. 生的核桃，带壳。

10. 普洱茶，净重1千克/包。

11. 鱼占15%、牛肉占10%、马铃薯占75%的罐头食品。

12. 口香糖。

13. 块状酒心巧克力（每块净含量150g）。

14. 含有猪肉馅制成的包子（猪肉含量25%，青菜75%）。

15. 水煮花生仁。

16. 雀巢咖啡。

17. 由多种精致的植物花粉和乳糖制得的营养保健花粉制品。

18. 运动饮料（具有补充运动中流失的维生素和矿物质以及增强体质的作用）。

19. 坛装黄酒。

20. 冷冻带骨猪前腿。

（二）税费计算

1. 某国内消费者2024年1月在某跨境电商平台上购买了2盒JAYJUN水光樱花童颜新生焕白面膜（10片/盒），每盒单价100元（不含税）。该商品HS编码为3304990031，请计算该商品应缴纳的进口税。

2. 某国内消费者2023年12月从澳大利亚购买了1个电饭煲，以邮包的方式寄回国内，其购买发票上的交易价格为400元。请问：该商品应缴纳多少进口税？

（三）报关单填制

1. 请根据以下贸易背景和航空运单制作一份进口报关单。

杭州XXX公司（统一社会信用代码为913301097712345678）以跨境电商保税进口模式从澳大利亚购进一批超浓缩无味深海鱼油胶囊（商品HS编码为2106909090），用于电商平台销售，该商品的品牌为BLACKMORES（澳佳宝），主要成分是天然深海鱼油，罐装（400粒/瓶）。该批货物于2024年5月10日从浦东机场入境（航空运单见表4-24），

表 4-24 航空运单

999 - 88875567　　　　999 - 88875567

Shipper's name and address	Shipper's Account Number	Not negotiable Air Waybill ISSUED BY Copies 1,2 and 3 of this Air Waybill are originals and have the same validity
ABC ENTERPRISES PTY. LTD. GRATTAN STREET, MELBOURNE AUSTRALIA		
Consignee's name and address HANGZHOU XXX COMPANY 88 PEOPLE RD, HANGZHOU CHINA TEL：0571 - 8666 - 9999	Consignee's Account Number	It is agreed that the goods described herein are accepted in apparent good order and condition (except as noted) for carriage SUBJECT TO THE CONDITIONS OF CONTRACT ON THE REVERSE HEREOF, ALL GOODS MAY BE CARRIED BY ANY OTHER MEANS. INCLUDING ROAD OR ANY OTHER CARRIER UNLESS SPECIFIC CONTRARY INSTRUCTIONS ARE GIVEN HEREON BY THE SHIPPER. THE SHIPPER'S ATTENTION IS DRAWN TO THE NOTICE CONCERNING CARRIER'S LIMITATION OF LIABILITY. Shipper may increase such limitation of liability by declaring a higher value for carriage and paying a supplemental charge if required.
Issuing Carrier's Agent Name and City		
Agents IATA Code	Account No.	
Accounting Information FREIGHT PREPAID		

Airport of Departure (Addr. of First Carrier) and Requested Routing MELBOURNE	Reference number	Optional shipping information

To	By First Carrier	Routing and Destination	To	by	To	by	Currency USD	CHGS Code	WT/VAL PPD PP	WT/VAL COLL	Other PPD	Other COLL	Declared Value for Carriage N. V. D	Declared Value for Customs NCV

Airport of Destination	Flight/Date	For Carrier Use only	Flight/Date	Amount of Insurance	INSURANCE-If carrier offers insurance and such insurance is requested in accordance with the conditions thereof indicate amount to be insured in figures in box marked "Amount of Insurance" .
SHANGHAI	BR758/ 10, MAY, 2024			NIL	

Handling Information

NOTIFY PARTY：SAME AS CONSIGNEE
THIS SHIPMENT CONTAINS NO SOLID WOOD PACKING MATERIALS　　SCI

No. of Pieces RCP	Gross Weight	kg lb	Rate Class Commodity Item No.	Chargeable Weight	Rate Charge	Total	Nature and Quantity of Goods (incl. Dimensions or Volume)
20CTN	600KG			600KG	6. 28	3 768. 00	
20	600KG					3 768. 00	

Prepaid	Weight charge	Collect	Other Charges
3 768. 00			SECURITY CH：53　FUEL CH：481
	Valuation Charge		
	Tax		
534	Total Other Charges Due Agent		Shipper certifies that the particulars on the face hereof are correct and that insofar as any part of the consignment contains dangerous goods, such part is properly described by name and is in proper condition for carriage by air according to the applicable Dangerous Goods Regulations Charges at Destination
	Total Other Charges Due Carrier		Signature of Shipper or his agent
Total Prepaid 4 302. 00		Total Collect	10/05/24 MELBOURNE
Currency Conversion		CC Charges in Dest. Currency	Executed on (date) At (place) Signature of issuing Carrier or as Agent
For Carrier's Use Only at Destination		Charges at Destination	Total Collect Charges　　999 - 88875567

运往位于浙江杭州出口加工区的杭州下沙跨境园区，由入驻跨境园区的子公司仓储企业杭州 FFF 供应链管理有限公司（统一社会信用代码为 91330109789789789O）负责以通关一体化模式报关。该批货物已备案的保税物流账册编号为 T2991B19A07，已完成核注清单申报，编号为 QD299121I000000567。该批货物合同号为 KJ2123，成交方式为 CIF，单价为 125 元/瓶，每瓶 0.5 千克 400 粒，数量 1 000 瓶，装于 20 个纸箱中。

2. 请根据以下资料制作一份出口报关单。

位于杭州的浙江 LL 服饰有限公司（统一社会信用代码为 91330000747720591H）以跨境贸易电子商务 9710 模式自营出口一批 T 恤衫（HS 编码为 6109100010）。该批货物从位于浙江金华武义县的金华 MH 制衣有限公司采购获得，货物总毛重为 4 030 千克，总净重为 3 880 千克。该批货物于 2024 年 3 月 1 日从宁波北仑港出境，提单号为 SHTRS2021003，装于一个 20’GP 集装箱（号码为 TEMU8375328）。浙江 LL 服饰有限公司委托宁波 CJ 报关有限公司（统一社会信用代码为 913302061234567890）向宁波北仑海关（3104）申报。货物的海运费为 6 500 美元，保险费费率为 0.3%。该批货物的出口发票见表 4－25。

表 4－25　商业发票

浙江 LL 服饰有限公司
ZHEJIANG LL GARMENTS CO.，LTD.
388，FENGQI ROAD，HANGZHOU
商业发票
COMMERCIAL INVOICE

To：Next Baby Garments，Ltd.
555 Lexington Avenue，New York 10001 USA

Invoice No.：	IN123
Invoice Date：	FEB. 08，2024
S/C No.：	JP588
S/C Date：	FEB. 02，2024

From：	NINGBO	To：	NEW YORK
Shipped by：	MAERSK HORSBURGH 023W	Date of Shipment：	MAR. 01，2024

Marks and Numbers	Number and kind of package; Description of goods	Quantity	Unit Price	Amount CIF NEW YORK
N/M	100% Cotton knitted women's T-Shirts Art. No.：EX1603 Each 10 pieces in a bag，8 bags per carton Brand：YOUNGOR	21 600PCS	USD 2.81/PC	USD60 696.00
TOTAL		21 600PCS		USD60 696.00
SAY TOTAL：US DOLLARS SIXTY THOUSAND SIX HUNDRED AND NINETY SIX ONLY				

参考文献

1. 中华人民共和国海关总署网站：http://www.customs.gov.cn/

2. 中华人民共和国商务部网站：http://www.mofcom.gov.cn/

3. 中国电子口岸网站：http://www.chinaport.gov.cn/

4. 中国（杭州）跨境电子商务综合试验区网站：http://www.china-hzgec.gov.cn/

5. 中国（浙江）国际贸易单一窗口网站：http://www.zjport.gov.cn/

6. 中国电子口岸数据中心杭州分中心网站：http://www.hzeport.com

7. 中华人民共和国财政部关税司网站：http://gss.mof.gov.cn/

8. 中国国际贸易单一窗口网站：http://www.singlewindow.cn/

9. 跨境一步达网站：http://www.kjeport.com/

10. 中国人民银行网站：http://www.pbc.gov.cn/

11. 归类通网站：https://hs.e-to-china.com.cn/

12. 通关网网站：http://www.hscode.net

13. 雨果跨境网站：https://www.cifnews.com/

14. 宗慧民．进出口商品归类［M］．3版．北京：中国海关出版社，2022.

15. 叶红玉．报关实务［M］．4版．北京：中国人民大学出版社，2021.

16. 中国报关协会．关务基础知识（2024年版）［M］．北京：中国海关出版社，2024.

17. 中国报关协会．关务基本技能（2024年版）［M］．北京：中国海关出版社，2024.

附录 A　进口货物报关单

中华人民共和国海关进口货物报关单

预录入编号：　　　　海关编号：　　　　（申报地海关）　　　　页码/页数：

境内收货人	进境关别		进口日期		申报日期	备案号	
境外发货人	运输方式		运输工具名称及航次号		提运单号	货物存放地点	
消费使用单位	监管方式		征免性质		许可证号	启运港	
合同协议号	贸易国（地区）		启运国（地区）		经停港	入境口岸	
包装种类	件数	毛重（千克）	净重（千克）	成交方式	运费	保费	杂费
随附单证 随附单证 1：			随附单证 2：				
标记唛码及备注 集装箱标箱数及号码：							

项号	商品编号	商品名称及规格型号	数量及单位	单价/总价/币制	原产国（地区）	最终目的国（地区）	境内目的地	征免

特殊关系确认：	价格影响确认：	支付特许权使用费确认：	公式定价确认：	暂定价格确认：	自报自缴：
申报人员 申报单位	申报人员证号	电话	兹申明对以上内容承担如实申报、依法纳税之法律责任 申报单位（签章）	海关批注及签章	

附录 B　出口货物报关单

中华人民共和国海关出口货物报关单

预录入编号：　　　　海关编号：　　　　（申报地海关）　　　　页码/页数：

境内发货人	出境关别		出口日期		申报日期		备案号	
境外收货人	运输方式		运输工具名称及航次号		提运单号			
生产销售单位	监管方式		征免性质		许可证号			
合同协议号	贸易国（地区）		运抵国（地区）		指运港		离境口岸	
包装种类	件数	毛重（千克）	净重（千克）	成交方式	运费	保费	杂费	
随附单证 随附单证 1：			随附单证 2：					
标记唛码及备注 集装箱标箱数及号码：								
项号　商品编号	商品名称及规格型号	数量及单位	单价/总价/币制	原产国（地区）	最终目的国（地区）	境内货源地	征免	
特殊关系确认：	价格影响确认：		支付特许权使用费确认：		公式定价确认：	暂定价格确认：	自报自缴：	
申报人员 申报单位	申报人员证号	电话	兹申明对以上内容承担如实申报、依法纳税之法律责任 申报单位（签章）			海关批注及签章		

附录C　保税核注清单（进口）

保税核注清单（进口）

（仅供核对用）

预录入统一编号		清单编号		清单类型		手（账）册编号	
经营单位代码		经营单位社会信用代码		经营单位名称		加工单位编码	
加工单位社会信用代码		加工单位名称		申报单位编码		申报单位社会信用代码	
申报单位名称		录入单位编码		录入单位社会信用代码		录入单位名称	
录入日期		清单申报日期		清单进出卡口状态		核扣标志	
企业内部编号		进境关别		主管海关		启运国（地区）	
料件成品标志		监管方式		运输方式		申报表编号	
流转类型		报关标志		报关类型		报关单类型	
关联清单编号		关联手（账）册备案编号		对应报关单编号		对应报关申报单位代码	
对应报关申报单位社会信用代码		对应报关申报单位名称					
备注							

表体																			
报关序号	报关单商品序号	备案序号	商品料号	商品编码	商品名称	规格型号	原产国（地区）	最终目的国（地区）	币制	申报单价	申报数量	申报计量单位	申报总价	法定数量	法定计量单位	第二法定数量	法定第二计量单位	征免方式	单耗版本号

报关单草稿											
统一编号	商品序号	商品编码	商品名称	规格型号	申报单价	申报数量	申报计量单位	申报总价	币制	原产国（地区）	最终目的国（地区）

简单加工清单料件表体/一纳成品内销成品表体																					
商品序号	备案序号	商品料号	商品编码	商品名称	规格型号	原产国（地区）	最终目的国（地区）	币制	申报单位	申报数量	申报计量单位	申报总价	法定数量	法定计量单位	第二法定数量	法定第二计量单位	毛重	净重	征免方式	单耗版本号

集报清单—出入库单信息		保税电商—电商清单信息	
序号	出入库单编号	序号	电商清单编号

附录 D　保税核注清单（出口）

保税核注清单（出口）
（仅供核对用）

预录入统一编号		清单编号		清单类型		手（账）册编号	
经营单位代码		经营单位社会信用代码		经营单位名称		加工单位编码	
加工单位社会信用代码		加工单位名称		申报单位编码		申报单位社会信用代码	
申报单位名称		录入单位编码		录入单位社会信用代码		录入单位名称	
录入日期		清单申报日期		清单进出卡口状态		核扣标志	
企业内部编号		出境关别		主管海关		运抵国（地区）	
料件成品标志		监管方式		运输方式		申报表编号	
流转类型		报关标志		报关类型		报关单类型	
关联清单编号		关联手（账）册备案编号					
备注							

表体																			
商品序号	报关单商品序号	备案序号	商品料号	商品编码	商品名称	规格型号	原产国（地区）	最终目的国（地区）	币制	申报单价	申报数量	申报计量单位	申报总价	法定数量	法定计量单位	第二法定数量	法定第二计量单位	征免方式	单耗版本号

报关单草稿											
统一编号	商品序号	商品编码	商品名称	规格型号	申报单价	申报数量	申报计量单位	申报总价	币制	原产国（地区）	最终目的国（地区）

简单加工清单料件表体/一纳成品内销成品表体																					
商品序号	备案序号	商品料号	商品编码	商品名称	规格型号	原产国（地区）	最终目的国（地区）	币制	申报单位	申报数量	申报计量单位	申报总价	法定数量	法定计量单位	第二法定数量	法定第二计量单位	毛重	净重	征免方式	单耗版本号

集报清单—出入库单信息		保税电商—电商清单信息	
序号	出入库单编号	序号	电商清单编号

图书在版编目（CIP）数据

跨境电商通关实务 / 叶红玉，刘小聪主编．-- 3 版．北京：中国人民大学出版社，2025. 1. --（新编 21 世纪高等职业教育精品教材）. -- ISBN 978-7-300-33330-4

Ⅰ. F713. 36

中国国家版本馆 CIP 数据核字第 2024NE8675 号

校企“双元”合作开发教材
新编 21 世纪高等职业教育精品教材 · 跨境电商系列
跨境电商通关实务（第三版）
主　编　叶红玉　刘小聪
Kuajing Dianshang Tongguan Shiwu

出版发行　中国人民大学出版社
社　　址　北京中关村大街 31 号　　**邮政编码**　100080
电　　话　010 - 62511242（总编室）　　010 - 62511770（质管部）
　　　　　　010 - 82501766（邮购部）　　010 - 62514148（门市部）
　　　　　　010 - 62515195（发行公司）　　010 - 62515275（盗版举报）
经　　销　新华书店
印　　刷　北京宏伟双华印刷有限公司　　**版　　次**　2018 年 1 月第 1 版
开　　本　787 mm×1092 mm　1/16　　2025 年 1 月第 3 版
印　　张　12. 25　　**印　　次**　2025 年 3 月第 2 次印刷
字　　数　238 000　　**定　　价**　38. 00 元